二十一世紀
債務論

Die Schulden
im 21. Jahrhundert

目錄 Contents

導讀
債務論與資本論的相對論

台大公共經濟研究中心主任

李顯峰

　　現在正是探究所得分配不均的黃金時代，近年出版許多著作的目的，都是在分析所得分配不均的起源，嘗試提出各種可能的對策。晚近全球經濟情勢的發展，國與國之間以及一國內部的所得分配不均現象益形嚴重。隨著 2008 年國際金融危機和 2010 年歐債危機爆發以來，所得分配惡化的問題更引起世界各國政府及國際組織的關切，各界紛紛提出可能的解決對策，但仍然有許多不同的看法。

　　施德特的著作《二十一世紀債務論》（以下簡稱《債務論》）要對話的對象，並不是赫赫有名的馬克思《資本論》巨著，而是最近熱門討論所得分配不均的著作之一：皮凱提的《二十一世紀資本論》。很少有經濟學書籍能像皮凱提這

本書這般引起眾所矚目，該書可能是近年最暢銷的著作之一。全書篇幅巨大，原著以法文出版後銷路平平，英文譯本卻在美國廣受歡迎，相當暢銷，引起全球財經界專家學者高度讚譽，認為建構了一個重大問題的分析架構。

　　皮凱提引用二十幾個國家長達兩百多年的大量經濟歷史數據，審視現代經濟活動的自然本質，分析工業革命以來全球財富分配演變的態樣，由其中歸納整理出系統性解釋許多國家財富分配不均的原因。他提出的中心概念是，資本報酬率通常較經濟成長率還高，資本報酬所占的份額高於勞動所得所占的份額，而財富累積的速度較快，使得富者愈來愈富有。這也再度回應早年功能性所得分配的主張，引申出勞資之間階級對立的衝突。重點是，透過重新分配來減低所得與財富分配不均的現象，在經濟成長低迷的時代，此論點的支持者甚多。他的論述政策找尋了一套較輕鬆解決金融危機的方法，也引發了極為熱烈的輿論戰與迴響。然而，這種從大量歷史數據來歸納推論的方法，是否已經完整解釋財富分配不均的故事呢？

　　《債務論》就是直接補充並回應《二十一世紀資本論》的重要經濟著作之一，這本書的內容言簡意賅，不像《二十一世紀資本論》那般巨大。全書的架構清晰，先問皮凱提的分析少了什麼？補充論述後又剩下什麼？《債務論》第一部分先討論皮凱提引用分析數據的正確性並分門別類，就核心論述補充看法及評估，認為皮凱提低估了債務對財富價值與財富集中的影響。第二部分則是檢視皮凱提世界觀公式——財富累積速度比所得增加更快速——的正確性，總整理皮凱提的財富對所得比率逐漸上升，以及財富逐漸集中趨勢，並且評論皮凱提的模型。第三部分探究皮凱提的政策建議——課徵全球性財富稅——建議的預期成效及可能性為何，質疑《二十一世紀資本論》中還有哪些論點值得思考和政府採納推行的；不過，他仍然肯定皮凱提引用數據對經濟史和經濟政策討論的貢獻。最後則是總評語。

　　引用大量豐富的經濟歷史數據來分析問題並研擬政策建議，晚近已成為經濟學重要的分析方法論。《債務論》也引用豐富的經濟歷史數據總整理，深入淺出詮釋皮凱提的核心

論述，這是本書的特色之一。此外，施德特提出皮凱提忽略卻是瞭解當前經濟問題不可缺少的觀點，解釋了重要議題，這也是導致最近全球財富增加並且漸趨集中的重要原因，更為目前的危機提供了具有說服力的因應之道。重要的是，他發現皮凱提完全低估負債的影響，認為只有瞭解負債與清償債務之間的動態，才能瞭解財富分配與經濟危機的成因，尋求解決之道，提出補充性論述。

歷史發展過程中財富集中的趨勢

《債務論》先澄清歷史發展過程中資產、財富與債務的變動關係本質，免得一般人誤解，做為接續辯證的基礎。接著，作者回顧 1770 年至 2010 年各主要國家的歷史：財富與財富分配的態樣。德國（約 1870 年起，才有統一的帝國組織）的資料期間是 1870 年至 2010 年，用國家債務占所得的比例來分析。因引用長期歷史資料，各國的相關資料定義不同，欲整理歷史數據一起討論自有困難度。施德特觀察的面相較廣，除了澄清若干名詞的觀念，更由財富淨額面向切入。財

富淨額等於財富毛額減去債務面，討論的面向較皮凱提只處理財富毛額累積面向更廣，更能深入探討當今各國債台高築形成的原因及其後續問題。

　　皮凱提書中也提到債務（政府債務）累積的衝擊，究竟國家能承受多高的債務？近年來各界都關注到債務負擔會不會抑制經濟成長，經濟學者進行許多實證研究。2010 年，萊茵哈特與羅格夫（Reinhart and Rogoff）曾應用長期間 20 個經濟合作暨發展組織（OECD）國家的樣本資料估計，發現在 1946 年至 2009 年間，隨著各國中央政府負債占國內生產毛額（GDP）比率提高，使得實質經濟成長有下降趨勢，特別是當中央政府的負債比高達 90% 以上時，更呈現出一個大轉折點，平均年經濟成長率變為負（-0.1%）。這個使經濟成長率變為負的政府負債門檻，引起全球的高度注意。後來，麻州大學的何爾棟、鋼徐與波林（Herndon, Ash and Pollin）指出他們兩人的計算有誤，重新計算後修正中央政府負債比高達 90% 以上時，平均年經濟成長率卻是正的（1.9%），只是仍維持著中央政府負債比愈高將導致平均年經濟成長率下

降的態勢。至於皮凱提在《二十一世紀資本論》中提到政府負債比 60% 是個承擔門檻，則是毫無根據；另有若干研究則主張，50% 至 60% 是可以承擔的範圍。

後來有更多人重新檢視這些數據，例如 2013 年艾格特（Égert）再應用萊茵哈特與羅格夫的同一套樣本資料檢查估計，結果發現中央政府負債比高達 90% 以上時，平均年經濟成長率仍維持在正數（1.9% 或 2.2%），但中央政府負債比提高時，實質經濟成長下降的趨勢並不改變。其次，萊茵哈特與羅格夫應用美國的長期資料來估計，發現美國聯邦政府負債比高達 90% 以上時，平均年經濟成長率為負；但艾格特檢查美國的資料，卻發現即使中央政府負債比高達 90% 以上，平均年經濟成長率仍為正值，與萊茵哈特和羅格夫觀察到的現象不同。總言之，大致上可謂，債務攀高後，政府財政調度愈來愈僵化；再加上民間企業部門負債與家庭負債，這個問題更為棘手。就日本、中國及台灣而言，債務幾乎都屬於國人持有的內債，對國際金融市場的動盪影響較小；相反地，歐元區國家（如希臘、義大利、西班牙等）及美國大

部分債權人是他國，對國際金融市場變動的影響較大。

　　一國的債務包括家計單位、非金融性企業及政府部門，全部納入後才能觀察到負債對經濟活動衝擊的全貌。《債務論》書中顯示，愛爾蘭的國家債務占國內生產毛額比例曾高達443%，日本為372%，葡萄牙是381%，美國是263%，希臘是304%，西班牙為300%。工業國家中較低的是德國的202%，財富比例仍有提高的態勢。近年來，愛爾蘭紓困財政整頓後，國家債務比已降低了。

資本報酬率高於經濟成長率，導致財富集中升高

　　施德特討論皮凱提的世界公式──為什麼財富增加較所得成長更快──彙整皮凱提的財富對所得比率逐漸上升及財富逐漸集中趨勢，並且評論皮凱提的模型。馬克思早已討論過這個觀點，所以不是全新的觀念。皮凱提假設邊際生產力遞減定律的效果很緩慢，然而邊際生產力遞減定律的效果仍發揮作用，而且根據經濟成長理論觀點，長期間資本的報酬

率將逐漸趨同於國民所得的成長率，財富對所得比將趨向穩定。此外，皮凱提的資料也顯示，資本報酬率持續高於經濟成長率，終究是個假設，不是實據；也未解釋為何在低經濟成長率下，稅前資本報酬率還能保持穩定。更何況，最近經濟低成長成為新常態時，還能維持高資本報酬率嗎？

課徵全球性資本累進稅的政策建議

　　《二十一世紀資本論》倒數第二章，主張應用新的理想工具：對資本課徵全球性累進稅，並且盡可能提高國際財務的透明度。施德特質疑皮凱提的《二十一世紀資本論》中，還有哪些論點是值得思考及政府採納推行的。當然，皮凱提的提議是「烏托邦」理想式的，但最近經濟暨合作發展組織相繼提出防範稅基侵蝕，國際租稅資訊透明化，強化國際反避稅措施，也符合國際潮流，對實現租稅公平有一些助益。

　　至於公平分配理念的演變，較早的博愛主義或利他主義主張，政府應該採取政策，追求社會大多數人的幸福。

因窮人及富人增加／減少一元所增加／減少的滿意程度不同，所得重分配後可能降低努力的誘因及損失效率，結果使得社會總滿意程度降低，近來則不予參酌。後來，自由主義主張政府應照顧社會上最弱者的利益，比利他主義更要求進行所得重分配，是一種社會保險的形式。政府的政策要保護人們免於受到不幸事件風險的衝擊，但問題是，無法清楚知道初始地位的差異是如何決定的。晚近自由意志主義（Libertarianism）則主張，政府應處罰犯罪並進行自願性協議，不應行強制所得分配；整體而言，重視過程的公平性，而非結果相等。政府應強化個人的權利，即使面臨所得不相等，也不該干預。政府必須關心的是機會不均。

　　公平由創造均等的機會開始，必須透過全民教育。溫和的重分配政策對財富平均分配也有幫助。穩健的經濟政策宜放棄短期的刺激措施，而是長遠提升創新生產力的政策，如教育機會和創業機會均等。

《債務論》的精華

《債務論》全書的精華，有系統地彙整在表九，向皮凱提《二十一世紀資本論》提出十項評論及缺失。整體而言，皮凱提的巨著只是描述問題的症狀，並未明確指出原因，只認為所得與財富分配不均是政府介入太少，重分配的功能不足，這些值得提出討論。

一、皮凱提的基本規律是資本報酬率高於經濟成長率：因理論及實證研究結果都不必然支持，忽略了政府課稅、移轉性支付及貨幣政策對資本報酬率的影響。尤其是低經濟成長率、人口變動和邊際報酬遞減，將會使未來的資本報酬率降低。

二、財富淨額等於財富毛額減去債務：這在形式定義上正確。不應用財富淨額概念的缺失，會忽略槓桿效果；如果沒有債務發生，財富不會快速累積。

　　三、財富集中必然發生，因為財富多就能創造更多資本利得，其中消費比例較少：財富多，投資可能性就高，也可以從事高風險的投資，容易取得專家協助。缺點是未考慮人口演變對遺產的數量及分配的影響。

　　四、對高所得及財富課徵充公性質的課稅為必要措施：由過去經驗可預期，一定會發生各種避稅反應。缺點則是未顧慮到課稅對所得累積資本產生的負面影響。

　　五、建議課徵全球性的財富稅，可以解決財富分配的問題：理論上完全正確，但是連皮凱提自己都認為這是烏托邦式的想法，缺點是財富不均的問題缺乏一套周延實際的解決方案。此外，也建議優先以一次性歐洲地區財富稅來解決國家債務危機，其他方法（通貨膨脹、歐洲央行沖銷債務清償基金）的後果還是不確定，缺點是忽視減少私人部門債務的重要性，也忽視歐洲國家之間分配的影響。

　　六、國家債務是政府和私人部門之間的分配問題：缺點

是忽視近年來特別是工業化國家中，私人部門負債規模上升
的現象。

　　本書內容精簡，讀者能迅速精確掌握兩百餘年來工業國
家財富集中態勢的原因及因應之道。主要目的是，先問皮凱
提的分析少了什麼？補充論述後，又剩下什麼觀點？還有哪
些論點值得思考及政府採納推行？施德特仍然贊同皮凱提應
用兩百餘年大量經濟歷史數據的分析方法論，未來期望各國
能針對財富分配不均的原因提出更有系統的解決之道。

前言

　　自 2008 年起，西方世界一直處於經濟危機的狀態，歐洲的情況尤其嚴重。儘管政府與中央銀行大力拯救，但是歐元區幾乎所有國家的經濟力仍在 2008 年的水準之下。失業問題更是破天荒嚴重，絲毫沒有復原跡象。

　　實際情況與官方說法有所出入，很多藥方都沒有發揮效果。政府的撙節政策並未達成減少負債的目標，而且把貨幣政策的目標擺在促進經濟成長。仔細追究危機發生的原因，其實不難發現，這兩種方案無法奏效，是因為我們面臨了有史以來最大的「負債額度」。自 1980 年代起，國家、私人或企業的債務都以倍數成長。如今，面臨借錢過活造成的惡果，也用不著吃驚為何過去幾年的方法突然不管用了。在已經沒有舉債空間及負債準備的情況下，增加債務和更便宜的貨幣當然無效。

經濟政策指望財富效果可以刺激消費，結果同樣令人失望。儘管全世界財富價格上升，而且儲蓄者幾乎沒有利息可拿，但是消費並沒有大幅上升。此外，由於財富價值上升同時伴隨著高失業率，政府又希望藉由撙節政策控制國家赤字，使得我們遲早必須關注所得及財富分配的問題。

皮凱提的《二十一世紀資本論》就是在這樣的真空背景下產生的。法文原版乏人問津，四萬五千冊英文翻譯版卻一上市立刻銷售一空。全世界都在翻譯這本書，德文版也在2014 年秋天出版。

我相信，在未來幾年經濟政策的討論與實務上，皮凱提這本書將扮演重要的角色。然而，拜讀之後，我卻發現他在處理收入及財富分配不均的面向時，沒有完整處理「過度負債」這個原因，也沒有處理它與現今經濟危機的關聯性。對於目前的危機，他的理論缺乏新的解釋觀點，也沒有建議解決方案。於是我著手撰寫本書，希望回答幾個簡單的問題：

・這個理論的內涵是什麼？

快速回顧皮凱提的核心論點。

・這個理論的特色是什麼？

評論皮凱提的論述。

・這個理論缺了什麼？

皮凱提所忽略的，卻是瞭解目前經濟情勢必備的觀點和事實。

處理最後一個問題時，我也發現皮凱提與大部分經濟學者一樣，完全低估了「債務」的影響。然而，只有瞭解負債和免除債務之間的動態，才能瞭解財富分配及經濟危機的問題，並且更進一步提出解決方案。這也是我將這本書命名為《二十一世紀債務論》的原因。

我要特別感謝內人布倫希德（Brunhild Stelter）在我寫書期間的支持與體諒，也要謝謝法蘭克福匯報出版社的丹雅

（Danja Hetjens）在創紀錄的短時間內，熱忱地將這本書推廣上市。

丹尼爾·施德特

柏林，2014 年 6 月

1

21 世紀的資本、財富與債務

　　金融及歐元危機爆發後六年，皮凱提的《二十一世紀資本論》改變了政治討論的焦點。這本書並沒有教人克服債務危機、從教訓中學習，而是把重點放在財富發展與財富分配。換句話說，他的理論沒有著眼於應該存錢償還債務的債務人，而是聚焦在財富持有者身上。然而，債務與財富其實息息相關，可惜皮凱提的論述並不關心這一點。事實上，這才是人類未來幾年必須面對的衝突。

　　皮凱提成功抓住了時機，揭開經濟及社會發展的瘡疤：人人感受到財富和收入分配不均的現象，美國的情況尤其嚴重。套用《金融時報》的報導，這造就了皮凱提在美國「搖滾巨星」般的地位。更不可思議的是，皮凱提不是美國人，竟然能在美國如此受歡迎；他是法國人，任教於巴黎經濟學院。就資料豐富性與分析深度來看，這本書可媲美萊茵哈特與羅格夫的暢銷書《這次不一樣：800 年金融危機史》（This Time is Different）。這兩位美國經濟學家同樣也很懂得抓對時間點，成功於 2009 年經濟危機高潮時，推出金融危機必讀書籍。

　　皮凱提的書名，會令人聯想到馬克思的經典巨作《資本論》。雖然皮凱提一再強調自己並非馬克思主義的信徒，但是類似的書名並非偶然，兩本書的確在內容上有許多相似之處。在馬克思的模型裡，資本集中會造成普遍貧窮，進而引發革命；同理，皮凱提認為，如果不修正財富分配不均的現象，而且大眾普遍認為財富分配有失公平，將會威脅社會和平並引發不安。

　　在馬克思的理論中，資本家控制生產工具，剝削勞工創造的剩餘價值；相較之下，皮凱提的資本定義較為寬鬆。資本等同所有能以金錢衡量的財富形式，不管財富用來生產與否。事實上，皮凱提測量經濟社會中所有財富的市場價值，與經濟社會的年所得做比較。他的書，一方面探討實體財富與金融財富的價值變化；另一方面，也從歷時性的角度來分析不同人口族群間的財富集中狀況。這樣說來，把他的書命名為《二十一世紀財富論》，可能更貼近他的分析。

　　在資本的支配權方面，皮凱提與馬克思的觀點很類似，

他們都在其中看到了「權力因素」。皮凱提認為財富等同於直接或間接的政治權力，不含政治色彩的財富因此成了政治資本。

我們的經濟制度促使財富集中

為了深入瞭解財富及財富分配幾個世紀來的發展，皮凱提非常用心引用大量歷史數據來佐證。他發現，長期下來，國民經濟的總財富已經是年產值的四到七倍。很明顯地，這就是國民經濟的價值，道理就像企業價值評估，等同於未來收入的貼現值。像目前這種低利率時期，同樣的收入就會估成較高的財富價值；當利率較高時，財富價值就較低。

皮凱提的分析重點，其實是財富分配的問題。他的研究探討了幾個世紀來財富如何趨向集中，並且因經歷過戰爭、貨幣改革、自然災難而降低集中程度。皮凱提認為財富集中的原因在於，資本利得大於經濟成長率，因此財富集中的速度比經濟產值增加的速度還快，資本持有者比依靠勞務所得

者還有利。這段過程不可能永遠持續下去，財富集中的狀況會不時透過經濟危機而舒緩下來。

自古以來，人類就不斷嘗試限制財富集中過程。後來在政策上，更有人導入累進所得稅、遺產稅，以限制分配不均的現象。

財富與債務的高度相關性

自 1970 年以來，政治上有很大的改變，政府竭盡所能支持「以負債為基礎」的經濟發展。自從美元與黃金脫鉤以來，在金融市場自由化的影響下，銀行大肆發放貸款，並且用合法印製貨幣所獲取的利潤，變本加厲增加信貸額度。這種趨勢在 2007 年的「忍者貸款」（Ninja Loans）達到高峰：沒有收入、沒有工作也沒有固定資產的人，都可以貸款。中央銀行不斷下修利率水準，更助長了這種情形。

從新印製貨幣獲利最多的，就是可以先取得這些新錢的

機構，銀行、避險基金及私募基金行業大獲暴利。貸款利率低，以便宜的信用貸款取代自有資本投資，即可如願帶來槓桿效應。當總資產報酬率高於利息成本，便可藉由增加外來資本（＝負債）來提高自有資本的報酬率。當一筆財富（例如：一張股票）買進價值為 100 歐元時，如果每年的獲利為 10 歐元，報酬率就是 10%。如果購入價格的一半可以用年利率 5% 的貸款來支付，因為貸款利息只花了 2.5 歐元，則資本報酬率就從原來的 10%（10/100）提高到 15%（7.5/50）。要是貸款 80 歐元，貸款利率仍然是 5%，則資本報酬率便上升到 30%（6.0/20）。同理，你也可以加大籌碼，用 500 歐元購買財富價值，提高總收益，原本僅僅 10 歐元的收益會增加到 30 歐元（毛利為 50 歐元，扣除貸款利息 20 歐元）。結果：財富需求提高，價格也隨之上升。

這樣一來，富豪排行榜上為什麼金融業占了絕大多數（銀行、避險基金、私募基金），也就不足為奇了。此外，美國和絕大多數歐洲國家對於資本利得的課稅，都比勞務所得稅還低；對此，連美國億萬富豪巴菲特都在公開場合冷嘲

熱諷。他提到，秘書的稅率竟然比他本人還高，這根本不可
行。在德國，資本收益的預扣稅稅率也比所得稅稅率還低。

在政治上，對於這波信貸熱潮的反應簡直是火上加油。
由於經濟全球化，西方世界中產階級的所得壓力迅速增高。
照理來說，正確的政治反應應該從教育、革新與投資方面
著手，但停滯不前的所得水準卻是倚賴更多信用貸款敷衍了
事。於是美國銀行毫無節制地放貸，造成不動產貸款熱潮；
歐洲國家則是不停地舉債發放社會福利金。

如果我們仔細觀察，就不難發現皮凱提忽略了債務這個
觀點。他關注財富價值上升與財富集中的同時，西方世界也
面臨了史上最嚴重的負債時期。自1980年起，不論是國家、
私人家計單位和企業的債務，都是國內生產毛額的兩倍以
上。因為皮凱提只關心淨值，也就是資產扣除負債，所以他
忽略了這個重要觀點。其實，如果沒有負債，財富根本不會
增長。

　　事實上，負債對投資的槓桿效應影響極大。皮凱提用財富價值（例如 500）減去債務（例如 200）得到淨值（這裡的例子是 300）的時候，便忽略了最重要的影響因素。如果沒有貸款成就了額外的財富需求，或是改寫成「要不是因為有貸款的可能性，財富需求可能不會這麼高」，財富淨值很可能不是 300，而是 200。只有理解這個系統，才能瞭解過去 40 年來的財富發展演變，這時候，你將會發現「21 世紀的債務」才是我們應該關注的主題。

　　解決債台高築的問題，以及舒緩財富分配不均的現象，其實是一體的兩面，兩者息息相關。

為再分配鋪路

　　皮凱提要求提高稅率，尤其是引進全球性財富稅與一次性財富稅，來解決歐洲地區的國家債務危機。他的建議與時代精神完美相符。政治補救方案無效，因為危機來源是貨幣太便宜及負債太多，用老方法解救，也就是印更多鈔票來對抗

更多債務問題，當然一點幫助也沒有。我們必須承認，大多數
債務已經嚴重到無法控制，問題是誰該來承擔這個無法避免
的損失？從政治角度來看，財富持有者是當然人選，難怪愈
來愈多國家及跨國研究單位開始重視財富與債務的相關性：

- 根據國際貨幣基金會研究指出，財富分配較平均的國家，
  其經濟成長率較財富分配較不平均的國家還高。因此，想
  要有較高的經濟成長率，就必須想辦法讓財富分配平均[1]。

- 國際貨幣基金會的另一個研究指出，一次性財富稅是解決
  歐洲債務問題的正確之道[2]。

- 著名的經濟學家萊茵哈特與羅格夫也支持這種想法，認為
  只有如此才能穩固歐元區[3]。

- 德國央行提出一次性財富稅建議，也同意先在歐洲危機國
  家採用此法，解決危機[4]。

1　Jonathan Ostry et al., „Redistribution, Inequality and Growth ", IMF Staff Discussion Note, Februar 2014 und unter: http://www.imf.org/external/pubs/ft/sdn/2014/sdn1402.pdf

2　„Fiscal Adjustment in an Uncertain World ", IMF Fiscal Monitor, April 2013 und unter: http://www.imf.org/external/pubs/ft/fm/2013/01/fmindex.htm

3　Carmen Reinhart, Kenneth Rogoff, „Financial and Sovereign Debt Crises: Some Lessons Learned and Those Forgotten ", IMF Working Paper, Dezember 2013 und unter: http://www.imf.org/external/pubs/ft/wp/2013/wp13266.pdf

4　Monatsbericht 1/66, Deutsche Bundesbank, Januar 2014 und unter: http://www.bundesbank.de/Redaktion/DE/Downloads/Veroeffentlichungen/Monatsberichte/2014/2014_01_monatsbericht.pdf?__blob=publicationFile

　　就連一向對社會主義沒什麼好感的《金融時報》都下了這樣的結論：依皮凱提及國際貨幣基金會的研究來看，財富分配的問題的確應該從政治層面著手。唯有如此，自由經濟的動力才能結合經濟體制的政治接受度，達到較高的經濟成長率[5]。

　　改革方向已經很清楚了，一方面應該解決過度負債的問題，另一方面應該減緩財富分配不均的現象。皮凱提、國際貨幣基金會、其他機構和學者，都提供了理論上的依據；然而，現今政治仍採拖延戰術，距離真正執行可能還有很長一段路要走。從經濟成長率看來，債務問題愈失控，補救措施愈該重視負債與財富的關聯性，到時候可千萬別說事前完全沒有警訊。

如何使用這本書

　　接下來，我要先介紹皮凱提的書籍內容，幫助讀者熟悉他的理論並分門別類。同時，我把焦點放在核心論述，適時

5　Martin Wolf, „A more equal society will not hinder growth ", Financial Times, 25.04.2014 und unter: http://www.ft.com/intl/cms/s/0/330931dc-c4ca-11e3-8dd4-00144feabdc0.html?siteedition=intl #axzz2zzckJ3Q4

補充我自己的看法與評估，特別是皮凱提完全低估的部分，也就是負債對於財富價值及財富集中的影響。此外，我也將深入探討由此衍生的政治意義。

　　第二章將說明皮凱提經驗研究的重要發現：過去幾個世紀以來的財富與財富分配。他的數據和資料是否正確且具有說服力？尤其是這個發展背後的意義為何？

　　第三章要說明理論模型，這是皮凱提預測財富與財富集中將不可遏止地上升的理論基礎。我將探究這個模型，加入補充觀點，說明哪些假設是瞭解皮凱提論述的關鍵，哪些不是關鍵。此外，我將探討急速上升的債務對皮凱提所提到的財富增加有何影響。沒有過去幾十年的負債熱潮，也不會有當前的財富與財富集中急遽上升的情況。

　　第四章探討皮凱提的政策建言，他的想法有什麼根據？效果和執行可能性為何？我也會補充說明，皮凱提的論點對於未來西方世界政治影響力的評估。最後，我將做個總評。

　　急性子的讀者，可以先閱讀每一章開頭關於核心論述與
定義的總整理。

　　不論是否同意皮凱提的觀點，他的論述無疑將左右未來
幾年的財經政策討論。他不僅把握了時代精神，也為這個時
代最大的財政問題「西方世界過度負債」提供了研提政策上
合宜的答案。

2/財富與財富分配的歷史回顧

定義：

　　在皮凱提的《二十一世紀資本論》書中，「資本」和「財富」是同義詞。本書一律使用「財富」，因為這個概念才符合皮凱提資料分析裡的定義內容。

　　國民財富＝國家及居民持有可交易財富的市場價值總和。其中包含實物型態的財富物品（土地、建築、機器、固定資產、硬體設施）、非物質的財富價值（如專利等）與金融財富（存款、投資基金、債券、股票、人壽保險、退休基金等）。這些財富總和扣除債務部分，就是國民財富。國民財富包含國內財富，也包含了國外財富淨額。國外財富淨額為，國民在外國持有財富與外國人持有國內財富之差額。

　　國民所得＝勞務所得（工資、薪水、紅利）與財富所得（租金、股利、利息、利潤、權利金），相當於國內生產毛額減去資本折舊。和財富的算法一樣，國外的所得淨額也一併納入計算。

財富／所得比＝國民財富總額（國家與私人財富）扣除債務後，除以年國民所得。例如國民財富為 600，年所得為 100，財富／所得比為 6，也就是 600%。

財富集中＝國內特定比例（例如 1% 或 10%）擁有最多財富的居民所持有的國民財富份額。

核心論述：

在皮凱提研究的國家裡，自 1700 年到 2010 年，財富／所得比在年所得的 2.51 至 7 倍之間變動。目前財富／所得比介於 5 至 6 之間。

這些國家有財富分配不均的現象。財富／所得比愈高，財富愈集中在少數人手上。最極端的例子是，國家 90% 的總財富集中在 10% 最富有的居民手上，目前美國與英國 70% 的財富都集中在排名前 10% 的富豪身上。想要減少財富與財富集中的現象，不是透過自然災難或戰爭，就是要針對高所

得、資本利得及財富來課稅（財富稅與遺產稅）。

評論：

　　皮凱提的研究基礎是財富與財富分配的歷史數據，雖然有人批評他的資料不夠嚴謹，也有人質疑他提出的「英美自1970年起財富漸趨集中」的論述，但是他的資料的確對經濟史及經濟政策的討論貢獻不小，這一點是不容置疑的。

2.1 歷史分析總整理

　　為了研究超過三百多年來的所得、財富及財富集中的發展演變，皮凱提的團隊花了十年以上的時間，處理歷史數據與統計資料。這樣的規模可說是前所未有的，對於經濟政策的討論研究而言，光憑這一點，就足以說明這些資料多麼彌足珍貴。

　　皮凱提將國家的財富（政府及私人財富總和減去債務，加上國外財富淨額，簡稱「國民財富」）除以年所得（勞務所得與資本利得，相當於國內生產毛額減去資本折舊，再加上國外所得淨額），國民財富與年所得的關係就是財富／所得比。這種觀點很容易理解，因為財富可以用來創造收益。因此，所有的財富都有某種程度上的價值。再者，他的研究焦點在於財富分配。

1700 年到 2010 年，英國與法國的財富發展與分配[6]

　　在皮凱提研究的歷史區間內，英國與法國的資料較為豐富。自 1700 年起，農業面積、住宅建物及其他財富（特別是國債）便有資料可循。根據這些資料，可以確定以下數據（所有的數據皆取整數）[7]：

· 財富／所得比在年所得的 2.5 至 7 倍之間變動。

· 1700 年至 1910 年的數值特別穩定，只有組合內容有變化。1700 年，英國農耕面積的財富／所得比為 400%，法國的農地則為 480%。兩百年後，英國的農地只剩 50%，法國約 150%。在此同時，其他財富項目價值及國外財富價值則是呈上升狀態。

· 1910 年之後，財富大幅減少。1950 年英國財富只剩年所得的 250%，法國則只剩年所得的 280%。

6　Thomas Piketty, Capital in the Twenty-First Century, Cambridge, 2014, S. 113ff. Alle im Buch verwendeten Zitate sind meine Übersetzungen dieser englischen Ausgabe.

7　Piketty, S. 113ff.

・衝擊之後，財富價值緩慢恢復，上升至目前水準。英國大約是 500%，法國則是 600%。

・今日最強勢的財富因子是不動產，然後是其他國內財富，農地與國外資本已不再扮演重要的角色。

・皮凱提估計，英國的國家財富淨額（也就是國家資產減去國家負債）占國民所得的比率大約為 0%，法國則約為 30%。會有這種差別，主要是法國的國營事業民營化程度沒有英國那麼高。

　　很明顯地，這種發展趨勢也反映了 20 世紀經濟結構的改變與政治動盪。18 和 19 世紀時，歐洲的經濟主體為農業，財富的功能在於創造類似退休金的可靠所得：這時的財富形式多為土地及國債。皮凱提引述當時的作家巴爾扎克與珍・奧斯汀，這兩種財富範疇的年資本報酬率約為 4% 到 5%。在這段期間，經濟幾乎沒有成長（因為生產力沒有上升），最多只是隨著人口成長而增加。

　　所得稅稅率在 5% 到 10% 之間，而且稅率與所得成線性關係，也就是沒有現在所謂的累進稅率。這段期間，財富也集中在少數人手中。根據皮凱提的估算，排名前 10% 的財富持有人，大概擁有 90% 的國民財富；而排名前 1% 的財富持有人，大概擁有至少 50% 的國民財富。財富分配非常固定，勞務所得永遠抵不上財富持有人的資本利得，而且財富會透過繼承移轉到下一代。

　　19 世紀的轉變是工業革命的結果，經濟成長速度明顯增快，所得也快速上升。國民經濟總財富中，農地所占比例下降，因為可獲得的資本利得較高，投資新興工業更吸引人。影響財富結構的另一因素是歐洲的殖民帝國主義，這個時期的國外財富已有顯著影響力。

　　財富形式有了重大改變，但其價值仍然是國民所得的一至七倍，財富／所得比原則上沒變。同樣地，財富的分配狀況也保持穩定，只有輕微趨向集中的情形。

　　兩次世界大戰和 1930 年代大蕭條，造成財富價值急遽下降，這也是預料中的事。財富減少的原因，不只是戰爭行為造成明顯的物質毀壞。根據皮凱提的資料，法國直接因戰爭而損失的財富約是一年所得，在英國則是約國民所得的10%。

　　大部分財富其實是間接被毀掉的。為了支付兩次戰爭的費用，國家大量向民間舉債，於是國民財富跨向重新分配的第一步，國外債權部分及其他國內資產轉為國債。戰爭結束後，國家債務龐大驚人，一方面因通貨膨脹率提高，另一方面因提高稅率以便減少債務，這兩種情況都會造成財富緊縮。其他的政府介入措施，例如限制租金價格，也讓財富緊縮幅度更大。通貨膨脹率較高時，不動產價格更創下歷史新低。政府介入發生三重效果：財富抽稅多，資本利得低，同時使財富需求減少。此外，潛在的買主不是深受重稅傷害，就是覺得報酬有限，於是財富需求跟著下降。

　　經濟大蕭條使得第一次世界大戰造成的損失雪上加霜。

一方面，股市崩潰，銀行和企業破產潮直接使財富減少；另一方面，國家為了應付危機，繼續提高稅率，也更進一步干預經濟運作。這種大規模介入對私人投資的報酬率產生負面影響。

　　時至 1950 年代，縮水的不只是財富／所得比（下降至 250%），財富集中的現象也跟著降低。排名前 10% 或 1% 的財富持有人損失非常明顯：前 10% 的財富持有人所擁有的國民財富份額，從 90% 降到 60% 至 70% 之間。前 1% 持有的國民財富份額，則是從 60% 降到 20% 至 30% 之間。相對之下，中產階級的財富反而增加了。和戰前不同的是，中產階級現在的勞務所得較財富收益還多，也可以用勞務所得來累積財富。這種中產階級開始累積財富、舊有財富持有人和繼承者財富變少的趨勢，皮凱提稱為財富取得「民主化」。戰後年間，經濟成長率高、財富和所得採累進稅率制，以及社會福利國家重新分配財富的措施，也使得財富分配整體上「相對平均」。

　　根據皮凱提的分析，隨著 1980 年代的經濟改革，財富
又漸漸趨向集中。為了帶動當時停滯不前的經濟，政府積
極促進市場自由化與國營企業私有化，並且帶頭降低稅率。
英國的柴契爾夫人和美國的雷根總統，領航實施這波經濟改
革，目的是透過供給取向的政策，促進經濟成長。此外，當
時的工資也開始出現分歧現象：一方面，廣大中產階級的薪
水停滯（實際上則是回跌）；另一方面，高薪階級的薪資卻
增加了。

　　如此一來，財富／所得比上升，財富更加集中。英國
前 10% 的財富持有人所擁有的總財富份額，從 60% 上升
到 70%。前 1% 的財富持有人所擁有的總財富份額，則是從
20% 上升至約為 30%。法國因為經濟改革較少，上升的幅度
沒有這麼明顯。

1870 年至 2010 年，德國的財富發展與分配 [8]

　　相較於英國和法國，德國的資料很明顯沒有那麼完整，

8　Piketty, S. 140ff.

因為德意志帝國於 1870 年才統一，再加上經歷兩次大戰失去部分領土。儘管如此，皮凱提還是提出以下的結論：

· 德國財富發展與財富結構跟英、法類似。

· 在 1870 年至 1910 年之間，國民財富價值約為年所得的 650% 左右。

· 早在 1870 年，其他國內財富項目就占了國民財富最大比例，為年所得 300%；農地緊跟在後，占了 280%；再來是不動產的 100%。相較於英國和法國，德國的國外財富重要性較低。

· 1910 年後，受到戰爭和經濟危機的影響，德國總財富下降是預料中的事，此時的財富／所得比為 250%。

· 自 1950 年起，財富增加緩慢。現今的財富值約為國民所得的 400%，比英國及法國低得多。

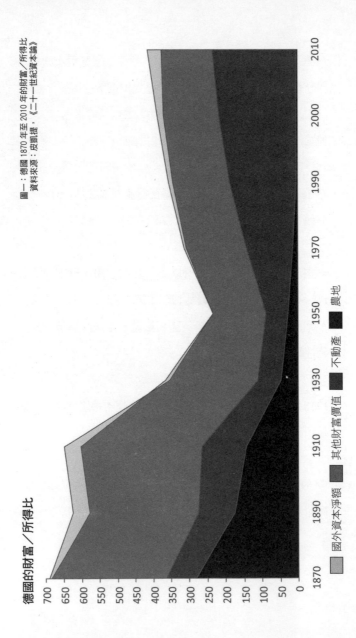

德國的財富／所得比

圖一：德國 1870 年至 2010 年的財富／所得比
資料來源：皮凱提，《二十一世紀資本論》

國外資本淨額　其他財富價值　不動產　農地

‧ 較特別的是，德國不動產的財富／所得比略高於200%（英
國300%，法國400%），占財富比重較低。皮凱提認為，
造成這種差異的原因，在於德國不動產價值被低估，但是
他並沒有提出證據；同理，也有可能是英國和法國的不動
產被高估了。皮凱提認為，德國企業股市市值低可能是另
一個原因。根據他的說法，如果不用市值計算，而改用帳
面價格，德國的總財富價值將會跟英、法不相上下。

‧ 德國的國外財富占了50%以上，這個比例比法國和英國高
得多，表示德國過去幾十年的出口順差很大。

‧ 根據皮凱提估計，德國的公有財富淨額目前為零。戰後時
期，國家財富最高曾達國民所得的100%。由此可見，德
國賴以維生的方法有二：一是販賣資產，另一方面則繼續
負債。

　　這些數據反映了德國的經濟及政治發展的狀況。第一次
世界大戰前，德國工業財富比例很高，國外財富相對較低。

戰爭與世界經濟危機大規模毀壞財富,其中直接損失的部分約占年所得的 1.5 倍;然而,惡性通貨膨脹、課稅、調節方案所造成的間接損失則更多。戰後時期,德國的稅率較高,算是活躍的社會福利國家。拜穩定的外貿順差之賜,國外財富淨額明顯上升。特別值得注意的是,過去的貿易順差總和明顯比國外財富淨額大很多,這表示德國並沒有將外貿順差拿來適度投資。

1770 年至 2010 年,美國的財富發展與分配 [9]

大部分美洲移民,也就是後來的美國人,擁有的財富都不多。大部分移民就是出於這個原因,出走到新世界尋找好運。當時美國地廣人稀,土地供應量高,所以價格低廉。

· 基於以上原因,美國的財富比歐洲國家低得多。一開始,財富價值為國民所得的三倍,到了 1910 年已經成長為五倍。這樣的成長幅度代表美國經濟蓬勃發展,但是仍比不上英、法、德。

---

9   Piketty, S. 150ff.

・皮凱提還將幾乎免費的勞動力，也就是奴隸的價值，列入
　計算。根據他的估計，1770 年這個部分的財富占了國民所
　得的 150%，而且集中在南方的聯邦。

・即使是在美國，國民財富在第一次世界大戰後也減少了；
　不過，其下降幅度當然比歐洲國家小得多。

・美國的國民財富在 1930 年達到最高峰，超過國民所得的
　500%，這個紀錄至今仍是歷史上最高點。目前美國的財富
　價值約為所得的 450%。

・比重最高的財富形式為其他財富，特別是工業資本，後來
　漸漸轉為現在的國債。從資料中，幾乎無法辨認 2003 年
　到 2008 年的不動產熱潮。不動產的比重約為 200%，和德
　國差不多。

・有很長的一段時間，美國的財富分配比歐洲還平均。1810
　年，排名前 10% 的財富持有人占有 60% 的國民財富（歐

洲則超過 80%），前 1% 的財富持有人占有 25% 的國民財富（歐洲超過 50%）。1910 年之前，這兩個地區的財富有明顯集中的趨勢。戰爭、經濟大蕭條、戰後時期，則造成財富集中趨勢減緩，1970 年起再度輕微上升。美國的財富集中程度較高，目前排名 1% 的富豪擁有 35% 的國民財富（歐洲為 25%），前 10% 的富豪則擁有 70% 的國民財富（歐洲為 65%）。

　　美國的發展非常類似歐洲。一開始，財富價值較低（如果不計奴隸的資產價值），財富與財富集中程度則隨著時間不斷上升。至 1950 年止，股市崩盤、經濟大蕭條以及隨之而來的調節方案和租稅政策，財富集中程度下降，接著資本主義黃金期又大幅上升。有很長一段時間，財富分配非常穩定，直到 1970 年代才又漸趨集中。皮凱提認為，除了雷根時期的改革政策和減稅措施，忽視全民教育也是原因之一。此外，剛才提過的國際競爭漸趨劇烈，也是造成薪資水準分歧的原因。

1970 年之後，工業國家的財富／所得比 [10]

皮凱提把 1970 年代後稱為工業國家的財富「回升期」
（Comeback）。他研究八個先進工業國家（美國、日本、德
國、法國、英國、義大利、加拿大和澳洲）的資料後發現：

· 所有國家的私有財富之財富／所得比（不含政府的財富），
從 1970 年的 200% 到 350%，成長到 400%（德國、美國、
加拿大），有些國家甚至上升到 700%（義大利，緊跟在
後的是日本的 600%）。相較之下，政府財富占比不高，
很明顯少了許多。

· 觀察逐年資料，不難發現股市和不動產市場的泡沫經濟。
日本在 1990 年投機泡沫最高點時，財富／所得比可達到
700%。2000 年網路泡沫經濟，在美國和英國的資料可以
觀察得特別清楚。皮凱提曾經指出，西班牙在 2008 年不
動產泡沫時期的財富／所得比，竟然打破日本的紀錄，達
到 800%，但是 2010 年後就急速滑降。姑且不論這些短暫

10　Piketty, S. 170ff.

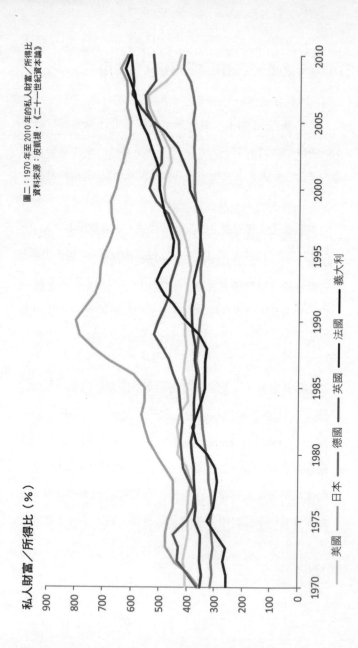

圖二：1970 年至 2010 年的私人財富／所得比
資料來源：皮凱提，《二十一世紀資本論》

私人財富／所得比（％）

美國　——　日本　——　德國　——　英國　——　法國　——　義大利

的極端數據，皮凱提仍可證明財富／所得比的上升趨勢：
財富價值持續增加的速度比所得還快。

・財富毛額的發展，尤其是金融財富，更是令人嘆為觀止。
拜金融市場自由化與全球化之賜，金融財富與債務急速增
長。1970 年代，大部分工業國家的金融資產毛額為年所得
4 至 5 倍，目前已增加到 10 至 15 倍（美國、日本、德國、
法國）；英國更是創歷史新高，高達所得的 20 倍[11]。雖然
皮凱提沒有特別提出討論，但是可以看得出來，「金融行
業」的大量快速成長的確是金融危機的元兇之一。從 2008
年起，我們一直在對抗這個惡果，問題仍然很大。

・和財富價值同時上升的，還有資本所得在國民所得中所占
的比例：1970 年，資本所得占國民所得的 20% 到 25%，
2010 年的比例為 25% 至 32%。

・為什麼財富會持續成長？皮凱提認為，主因是高儲蓄率、
國營企業與公部門業務大規模民營化（將公有財富轉為私

11　Piketty, S. 194.

有）、所得稅與財富稅減少，以及資產價格正常化。經歷
了相對長的低估時期，財富物品的價格總算達到估值較高
的水準，尤其是不動產和股票。

· 皮凱提指出，自 1970 年以來，所得分配也有所分歧。美
國廣大中產階級的所得凍漲，實際上等於所得「下跌」；
另一方面，高所得族群的薪資卻大肆擴張。2007 年金融危
機爆發前的 30 年，美國 60% 的國民所得都在所得排名前
1% 的高所得族群手中，這個集中趨勢愈來愈明顯。

附帶說明：廣大中產階級所得凍漲的原因，和 1980 年起
的市場全球化有密切的關係。中國和其他新興國家進入世
界市場的動作愈大，工業國家的雇員就愈難捍衛自身的工
作和工資水準。美國國內生產毛額中的勞務所得比例，和
中國的貿易逆差存在著非常微妙的關係。

· 所得分歧現象不僅出現在美國，其他工業國家雖然不比美
國嚴重，但是也有相同的問題。1950 年，排名前 10% 的

高所得族群所得，所占的國民所得比例在 30% 到 35% 之間。到了 1970 年，前 10% 的高所得族群所得上升到 28%（瑞典）、36%（德國）、40%（英國）。到了 2010 年，美國前 10% 的高所得族群已持有國民所得的 48%。第二次世界大戰前的數據非常類似，不過，當時美國的所得集中情形沒有歐洲那麼高。

　　所得漸趨集中、財富增加、財富漸趨集中，這三個要素是皮凱提政治考量的基礎，尤其是針對大筆財富課稅的建言，我會在第四章討論這個部分。討論實際解決方案之前，我會先探討皮凱提的理論，以及他忽略的其他因素，尤其是皮凱提完全不提的政府及私人債務對財富發展的影響，這是個很嚴重的錯誤。

2.2 皮凱提數據資料的相關評論

他的資料正確嗎？

皮凱提的著作無疑是以財富、財富分配及國民所得歷史
資料為基礎；就算他用這些資料導出的理論無法屹立不搖，
對某些觀察者而言，光是這樣的資料基礎及其對政治討論的
影響，就足以令人肅然起敬。套句前美國財政部長及哈佛大
學教授桑默斯（Lawrance Summers）的話：「他足以獲得諾
貝爾獎的榮耀。」[12]

即使是批評者，都對皮凱提的歷史觀點褒獎不已，但是
各方仍對資料的嚴謹度有所質疑。《金融時報》進入皮凱提
的原始資料（網路上每個人都可進入），找到一些引用錯誤
與數據錯誤，也有些地方資料來源不明。皮凱提計算所得不
均、定義數值及標明來源時，出了一些錯誤。除此之外，有

12　Lawrence H. Summers, „The Inequality Puzzle ", Democracy Journal, Summer 2014 und unter:
http://www.democracyjournal.org/33/the-inequality-puzzle.php?page=all

些數字是憑空想像出來的[13]。

特別值得一提的是，《金融時報》指出，皮凱提特別討論的 1980 年後英美所得分歧與資本集中的趨勢，其資料並不可信，其他資料來源並沒有證明這種發展趨勢。事實上，經濟合作暨發展組織的數據所得出的結論並不相同。雖然美國的所得有輕微分歧現象，但那是扣除稅額與社會保險費之前的數據。皮凱提所有的資料都有這個問題。如果他用的是可支配所得（一方面因稅賦支出而減少，另一方面因政府補助而增加），所得分配狀況將與 1980 年代的水準差不多[14]。

對此，皮凱提提出反駁，他說金字塔頂端所得在一般統計裡並未完整納入考量，所以才會有結果差異。事實上，歐洲央行的新研究指出，統計評估過程中，經常缺乏超級富豪的財富資料。由此可知，某些國家的財富集中情形比目前公開的資料更嚴重。據估計，世上最富有的 1% 人口的財富額占了世界總財富的 35% 到 37%[15]。

13　„Piketty findings undercut by errors ", Financial Times, 23.05.2014 und unter: http://www.ft.com/intl/cms/s/2/e1f343ca-e281-11e3-89fd-00144feabdc0.html#axzz32Tbqv13O

14　„Krise steigert Ungleichheit und Armutsrisiko in OECD Ländern ", OECD, Mai 2013 und unter: http://www.oecd.org/berlin/presse/einkommen-verteilung-ungleichheit.htm

15　Philip Vermeulen: How fat is the top tail of the wealth distribution, ECB Working Paper Series, July 2014 und unter: http://www.ecb.europa.eu/pub/pdf/scpwps/ecbwp1692.pdf

情緒化的討論

皮凱提全力反擊《金融時報》的批評，認為他們的報導論述非常「可笑」。他在《衛報》中解釋，除了《金融時報》之外，「『所有同年代的人』都會認同大富豪的財富增加得最快」[16]。雖然目前取得的資料還不「完整」，但是他的中心論述，也就是財富分配漸趨不均，絲毫不受影響。

這也難怪對立派的唇槍舌戰接踵而來，其中有些討論甚至到了情緒化的地步。諾貝爾經濟學獎得主克魯曼（Paul Krugman）馬上跳出來為盟友皮凱提護航，他在自己的部落格上說：「認為所得分配不均這個結論站不住腳的人，可能要失望了。」[17]

雖然前述資料問題的確存在，但皮凱提的基本論述，也就是財富／所得比逐漸上升的趨勢，仍是不爭的事實。其他研究也支持這個論點，著名的中央銀行總裁和國際貨幣基金會理事長，也提出財富漸趨集中的問題[18]。如前所述，也許

16　Thomas Piketty accuses Financial Times of dishonest criticism, The Guardian, 26. Mai 2014 und unter: http://www.theguardian.com/business/2014/may/26/thomas-piketty-financial-timesdishonest-criticism-economics-book-inequality

17　Is Piketty all Wrong?, New York Times, 24. Mai 2014 und unter: http://krugman.blogs.nytimes.com/2014/05/24/is-piketty-all-wrong/?_php=true&_type=blogs&_r=0

18　„FT journalist accused of serious errors in Thomas Piketty takedown ", The Guardian, 29.05.2014 und unter: http://www.theguardian.com/business/economics-blog/2014/may/29/ft-journalisterrors-thomas-piketty-takedown; und „Piketty, Chris Giles and wealth inequality: it's all about the discontinuities ", The Guardian, 30.05.2014 und unter: http://www.theguardian.com/news/datablog/2014/may/29/piketty-chris-giles-and-wealth-inequalityits-all-about-the-discontinuities

其他研究別有用意。只有透過徵收財富稅，才有可能解決債
務危機。

　　皮凱提蒐集資料、分析並描述過去的經濟演變。為了解
釋這個現象，他發展了一個財富／所得比以及財富分配的模
型，做為預測未來財富發展模式的基礎。我們將在下一章一
探這個模型的究竟。

3/ 為什麼財富比所得成長還快？

定義：

經濟成長率（g）＝用國內生產毛額測量的年國民所得成長率，會隨著人口成長及人均國民所得改變。國民所得又與該國的資本、教育及科技進步水準有關。

儲蓄率（s）＝一個國家的儲蓄總額占國民所得的比率。私人家計單位及企業的儲蓄總值扣除資本折舊，當儲蓄大於折舊時，財富才會增加。

資本報酬率（r）＝財富每年帶來的收益。皮凱提指出，視財富價值而定，報酬率約在 1% 到 8% 之間，實際稅前的平均報酬率約在 4% 到 5% 之間。國民所得中的資本所得相對占比，相當於財富／所得比和資本報酬率的乘積。當財富／所得比為 600%、資本利潤率為 5% 時，國民所得中的資本所得相對占比為 30%（6 × 5%）。

核心論述:

結構上，儲蓄率大於經濟成長率時（s＞g），會讓財富隨著時間比所得成長還快。此外，由於資本報酬率持續高於經濟成長率（r＞g），所以在資本主義體制下，財富／所得比也會持續上升。根據這個模型，皮凱提預估財富／所得比將在 21 世紀末回升到 700% 的歷史高點。龐大財富持有人，才有能力投資風險高、利潤高的財富形式，並可取得較好的資訊。這樣一來，財富就會漸趨集中。皮凱提認為這種趨勢會持續下去，但他不認為財富集中的情形會像第一次世界大戰前的歐洲那般嚴重。

評論:

資本報酬率大於經濟成長率，並不是什麼新觀念，馬克思早有討論，所以皮凱提的書名也借用馬克思的書名《資本論》。然而，經濟學對這個論點及其結果爭論已久。由於反向影響的要素很多，其實財富／所得比必定漸趨集中的假設

不一定會成立；相較於處理歷史資料的貢獻，皮凱提的解釋模型就沒有那麼高的說服力。

　　皮凱提所提出的財富與所得漸趨集中的原因，其實也不無道理。除了他提到的社會層次影響，由於需求消失，分配不均也會對經濟成長產生負面影響。財富增加及財富集中的同時，也會產生私人與公家的負債問題，皮凱提的分析完全沒有考慮這個重要觀點。

3.1 皮凱提財富／所得比和財富集中趨勢的模型

皮凱提試圖回答的四個問題：

· 他研究的那幾個國家，為什麼財富／所得比最近又上升了？

· 這種發展趨勢會進展到什麼程度？

· 財富分配情形如何？

· 財富漸趨集中的原因為何？

未來幾年的低經濟成長率

首先，皮凱提研究國民所得成長的現象。影響國民所得的要素有二：一為人口數，另一個是人均生產力。1700 年以前，世界的經濟成長率為每年 0.1%，這是每年人口成長率也是 0.1% 的結果。1700 年至 1820 年，人口成長較多（每年 0.4%），每人的經濟力也首度上升（生產力成長率為每年

0.1%），於是經濟成長率達每年 0.5%。

　　資本主義的經濟形式逐漸成形，工業革命也即將開始，此時科技進步，經濟成長率也跟著提高。1820 年到 1913 年間，人均國內生產毛額成長 0.9%。自 1913 年起，上升了 1.6 個百分點；再加上人口持續成長，經濟成長率每年有 1.5% 到 3%。第二次世界大戰後的高經濟成長率很明顯是例外，可能是戰爭或自然災難造成巨大損失，國家需要重建；也有可能是經濟正在起飛的國家才有的現象，中國就是一個很好的例子。

　　如今，我們面臨巨大的人口數量轉變。世界人口成長趨緩，歐洲人口甚至每年減少 0.1%，如此一來，表面的經濟成長率也許有部分會降低。舉例來說，日本的名目國內生產毛額已經凍漲好幾年了，追究原因是人口下降抵銷了人均所得成長的部分。德國和歐洲大部分國家也正面臨這樣的問題。

　　皮凱提預料這種趨勢仍會延續下去，近期應該沒有可以

提高每人所得的基礎科技大躍進。所以他認為，工業國家每年人均所得成長率預估 1.2% 都還稍嫌樂觀。其他觀察者如西北大學經濟學家戈登（Robert J. Gordon），則對此抱持懷疑態度[19]。

儲蓄率及資本報酬率高於經濟成長率

皮凱提比較了儲蓄率（s）與經濟成長率（g）後發現：就結構層面而言，儲蓄率高於經濟成長率。光是這個變項，就可促使財富／所得比逐漸增加：假設整體國民經濟儲蓄淨額（扣除折舊後）為每年 12%——這個比率一般工業國家都可達到——而經濟成長率為每年 2%，長遠來看，其財富／所得比等於 600%（s/g，也就是 12/2）。

儲蓄的來源也扮演了重要角色。有鑑於此，皮凱提也分析了資本報酬率（r）。資本利得比勞務所得帶來更多儲蓄，這個假設是有根據的。財富可以用來投資在不同的財富商品上，不同商品的利潤不同。銀行存款利息通常很少，有時實

19　Robert Gordon, „Is US Economic Growth Over? ", Center for Economic Policy Research, September 2012, unter: http://www.cepr.org/sites/default/files/policy_insights/PolicyInsight63.pdf

際獲利甚至是負值。不動產一年獲利率大約有 3% 至 4%，風
險較高的投資商品如公司持股，可能有 7% 至 8% 的報酬率。

　　皮凱提使用直接法計算平均資本報酬率。2010 年，工
業國家的資本所得大約占國民所得的 30%。如前所述，國
民財富比約為 600%，這表示平均的稅前資本報酬率為 5%
（30/600）。根據皮凱提的歷史資料分析，資本報酬率的演
變相對穩定，一直維持在 4% 至 5% 之間，很少降到 2% 或 3%
以下太久。不動產是國民財富的重要成分，報酬率相對穩定。

　　除了數學效應，皮凱提認為，結構上資本報酬率之所以
高，乃是債權人和債務人的利益興趣不同所致。債務人願意
付出代價，馬上取得某種資源；財富所有人則是為了未來的
利潤，放棄目前的消費。這種動機以及債權人和債務人之間
的權力關係，放諸四海皆準。

資本報酬率和經濟成長率不平等造成高財富／所得比

　　這個概念，帶我們更接近皮凱提財富成長模型的核心。國民經濟成長率（g）大約維持在1%至2%之間，資本報酬率（r）一般都維持在4%至5%之間，兩者彼此間持續呈不平衡（r＞g）狀態。皮凱提強調，這種不平衡並非市場機制運作失敗的結果；相反地，正是「有效率」的資本市場造成資本報酬率日趨升高。

　　長期下來，這種不均衡現象使得財富／所得比逐漸上升。照理來說，財富／所得比不會永無止境上升，因為增加的資本之邊際生產力會降低。資本供給過多，沒有適合的投資機會，資本報酬率會下降；然而，根據皮凱提的說法，這個下降過程非常緩慢。

　　皮凱提預估，接下來幾十年，世界經濟成長率約為1.5%（工業國家為1.2%）。如果資本報酬率及儲蓄率為10%，預估到21世紀末，財富／所得比將達700%。全球將達到歐

洲 19 世紀末的水準，當時的財富／所得比也介於 600% 至
700% 之間。

　　財富／所得比高不一定是壞事，在 19 世紀末的歐洲，
人民生活相對富足。

財富漸趨集中

　　皮凱提擔憂的是，財富不但增加得快，而且分配漸趨不
均：2010 年起，大部分歐洲國家，尤其是法國、德國、英國
和義大利，將近 60% 的國民財富集中在前 10% 富豪手上。
更令人吃驚的是，這幾個國家有一半左右的居民一無所有：
最窮的 50% 只占了 10% 以下的國民財富份額，有些國家甚
至是 5% 以下。根據最新發表的數據，從 2010 年到 2011 年，
法國最富有的 10% 居民持有 62% 的國民財富，最窮的 50%
居民僅持有 4% 的國民財富份額。根據美國聯邦儲備準備理
事會的最新調查，同一時間，美國最富有的 10% 居民手上握
有 72% 的財富，最窮的 50% 居民只占 2% 的國民財富份額。

必須注意的是，這些資料來源都是財富持有人「自己估計」
的數據，實際上大多數人可能都低估了自己的財富[20]。

　　造成財富漸趨集中的原因很多，其一是所得分配不均，
因此所得較低的 50% 居民無法累積資本；對他們來說，儲
蓄是天方夜譚。另一方面，所得較高的族群也有所得集中的
現象：在勞務所得較均衡的國家，如北歐國家，1970 年到
1990 年間，勞務所得最高的 10% 居民所領的工資，大約占
了總勞務所得的 20%；所得最低的 50% 居民的工資，大約占
了總勞務所得的 35%。所得分配不均沒那麼嚴重的國家，也
就是大部分歐洲國家（如法國和德國），10% 工資最高的人
領走了 25% 至 30% 的國民所得，所得最低的 50% 居民占了
國民所得的 30%。2010 年代初期，所得分配嚴重不均的國家
如美國，所得最高的 10% 居民占了總所得的 35%，所得最低
的 50% 居民則僅有 25% 的國民所得[21]。

　　美國在 1980 年後的政策改變，造成資本所得課稅變低，
造就了一堆不可思議的高薪族群，同時也是所得分配不均的

20　Piketty, S. 257f. eigene Übersetzung.
21　Piketty, S. 253.

主因。此外，股票上市公司的支薪模式改變、股票選擇權的發放，不僅造成了較高所得，也促成薪資和股票市場密切相關，因而與一般薪資演變脫鉤[22]。某些觀察者認為，造成這種趨勢的始作俑者，就是金融業薪資不斷上升。報告指出，自 1990 年起，相較於其他行業的職員，銀行從業人員的薪水上升幅度非常大[23]。

重要的是，必須先累積財富，才能創造資本所得；財富愈多，獲利愈多。如果消費維持現狀，財富就會繼續累積。如果經濟成長率為 1%，資本報酬率為 5%，只要存下五分之一的資本所得，財富就會以國民所得的成長率跟著增加。儲蓄愈多，財富就累積愈多。此外，財富愈多可創造的獲利率也比財富少還高。有錢人可以投資的方式較多，可以做全球性投資，也可以承擔較高的投資風險。而且，他們可以聘請專家當投資、稅務顧問，提高資本報酬率。

22　James K. Galbraith, „Kapital for the Twenty-First-Century? ", Dissent, Spring 2014 und unter: http://www.dissentmagazine.org/article/kapital-for-the-twenty-first-century

23　T. Philippon, A. Reshef, „Wages and Human Capital in the U.S. Financial Industry: 1909–2006 ", NBER Working Paper 14644 und unter: http://www.nber.org/papers/w14644

繼承愈來愈重要

　　繼承財富占比上升，也是造成財富漸趨集中的重要原因。和所得一樣，繼承財富同樣分配不均。薪水較低的階級通常就是無繼承財富的人，財富愈多，繼承的財富也多。「繼承」不僅讓不均現象更嚴重，還讓這種情形延續下去，這是皮凱提最詬病的一點。自 1980 年以來，由於平均壽命延長和少子化，法國、德國及英國繼承不均的現象越來越明顯。皮凱提估計，法國的年繼承財富占比相當可觀，約為年國民所得的 15%。

　　2010 年，繼承財富占了私有財富的三分之二，只有三分之一是透過儲蓄累積而來的。皮凱提以此為基礎，估計繼承財富將會繼續上升，到了 2020 年可能會達到 70%，2050 年更可能高達 90%，這將與 19 世紀末的水準不相上下。

　　依照皮凱提的邏輯，人口負成長的國家，如德國、西班牙、義大利，繼承財富比例上升的幅度可能更甚。然而，人

口負成長國家的繼承財富比和資本報酬率也可能會下降，這一點皮凱提卻忽略了。

根據皮凱提的論述，預期中的低經濟成長率是這種演變背後的推手，因為以所得儲蓄創造財富的機制受到牽制。皮凱提強烈批判這一點，他的政治觀點很容易讓人聯想馬克思「財富代表權力」的論述。他寫道：

> 我們的民主社會，建立在一個能力導向的世界觀，至少是希望能力決定報酬；亦即相信不平等是由才能和努力造成的，而不是因為親族關係及利息收入。這種信念與希望在現代社會中扮演了重要角色，原因只有一個：民主國家裡的所有公民原本應具有相等的權利，然而現實社會的生活條件卻不平等。要解決這種矛盾，就要設法用理性及普世原則來解釋社會不平等的現象，而不是將一切歸咎於偶發事件。因此，這種不平等必須適用於所有人，至少在討論層次上如此，最好實際情形也一樣[24]。

24　Piketty, S. 422. Eigene Übersetzung.

　　仰賴資本所得過活的社會，比企業家自食其力的社會更不公平。全球化與國際競爭壓力讓這種不公平現象愈演愈烈，可能引發更極端的所得分歧。少數菁英份子會繼續獲取高所得，社會不均將更明顯。

皮凱提眼中的世界

　　皮凱提的分析可以整理如下：因為所得分配不均，所以只有社會中所得較高的族群可以藉由儲蓄來累積財富，頂尖高薪族群比一般人更有能力儲蓄。在結構上，資本報酬率比國民所得的成長率更高，於是財富／所得比持續上升，只有財富持有人從財富增加現象中獲利。財富豐富者獲利更多，因為他們可以承擔更高的投資風險，進行較高報酬的投資。財富透過繼承在家族內移轉的情形愈來愈常見，結果造成財富漸趨集中，所得漸趨分歧，危及民主基礎。

3.2 對皮凱提模型的評論

資本報酬率不會持續高於經濟成長率

皮凱提用公式 r > g 來解釋財富／所得比持續上升現象，其實並不是新概念。馬克思早已討論過這個觀點，這是他的重要理論基礎，財富漸趨集中也使得大多數人更貧窮。

雖然皮凱提的研究資料似乎支持這個假設，但我們還是有必要質疑。假如資本報酬率真的持續高於經濟成長率，報酬額度將會上升到國內生產毛額的 100%，光是這一點就足以證實這個論點錯誤。當需求不夠大、無法吸收貨物供給量時，資本報酬率一定會下降。

雖然皮凱提在書中曾提及額外資本邊際生產力降低的效果，但是他卻假設這個效果的影響非常緩慢。目前多數的主

流經濟學者都認為，邊際生產力會急遽下降。

　　成長理論的出發點：長期來看，資本報酬率會漸漸趨同國民所得的成長率，財富／所得比會趨向穩定。皮凱提預估，如果這個趨勢穩定發展，21 世紀末的財富／所得比約為700%。

　　慕尼黑依弗（ifo）經濟研究院前院長漢斯—偉納 · 辛（Hans-Werner Sinn）曾在《法蘭克福匯報》受邀專欄中解釋資本報酬率與經濟成長率趨同現象的數學法則。他用了一個很簡單的例子：「量的成長速度，最後只能跟增量的成長速度一致。就像堆土堆一樣，每段時間會增加一鏟泥土，但鏟子尺寸會隨著時間增加幾個百分比，愈變愈大。然後，土堆泥土量增加的百分比，會漸漸與鏟子尺寸成長的百分比趨同。鏟子上的泥土量就是國民經濟裡的儲蓄，土堆大小就是財富。如果所得裡的固定份額用來儲蓄，財富／所得比就會達到穩定狀態，然而暫時性的分歧現象還是有可能發生。」[25]

25　Hans-Werner Sinn, „Thomas Pikettys Weltformel, in : Frankfurter Allgemeine Zeitung, 13.05.2014 und unter: http://www.faz.net/aktuell/wirtschaft/wirtschaftspolitik/hans-werner-sinn-ungleichheit-ist-nicht-so-einfach-wiethomas-piketty-denkt-12933579.html

有趣的是，連皮凱提的資料都顯示，資本報酬率持續高於經濟成長率的假設終究只是假設[26]。檢視皮凱提的資料，他估計過去兩千年來的稅前年資本報酬率約為 4% 至 5%，而經濟成長率一直低於這個數值，即使是戰後重建期也不例外。從第一次世界大戰至今，稅後資本報酬率一直低於經濟成長率。皮凱提估計，未來幾年的經濟成長率會很低，同時稅前資本報酬率相對穩定，稅後資本報酬率將持續升高。

皮凱提並沒有解釋，為何在低經濟成長率之下，稅前資本報酬率還能保持穩定。他只引用了歷史經驗，這些大多是「軼事」，而不是實據。例如，他把農地租佃約定的收益率擴大成國民經濟的資本報酬率，這樣的假設實在非常大膽。事實上，收不到地租和其他財富損失的狀況大有所見，比較接近事實的狀況應該是，資本報酬率和經濟成長率會愈來愈接近。人口數的演變也支持這個假設，以西班牙為例：接下來這幾十年，出生率降低和人口外移將造成人口愈來愈少，可能會跟 650 年前黑死病蔓延時的狀況差不多。皮凱提認為這個因素不會對西班牙的不動產造成任何影響，實在是既天

26　Siehe Daten bei Piketty, S. 356.

真又勇敢。同樣的情形也適用於德國[27]。

4%至5%的資本報酬率不切實際

　　歐洲金融危機與歐元危機已經進入第六年，除了在理論上討論真正的資本報酬率為多少，還是必須先觀察一下資本市場的真實面。為了遏止世界金融體系及歐元崩解，幾個領導級央行以史無前例的方式介入。銀行大幅降息——歐洲央行甚至降到負利率——並且大量收購有價證券（＝財富價值），以阻止資本市場崩潰，挽救嚴重程度與1930年代經濟大蕭條不相上下的財富損失，財富持有者也因此得救。

　　國債與公司債以及股票市場資金氾濫，創下歷史新高。這種高估的反面，表示未來的收益會跌得更低。長期來說，股票只能隨著獲利上漲；獲利不變時，股票也許可以短期內提升價格，但除非獲利也成長，否則價格不可能持續上升。利潤取決於經濟成長率（如我們所見，經濟成長率很低）和獲利率（不可能永遠成長），投資者可期的真實報酬率到底

27　Siehe dazu: http://think-beyondtheobvious.com/stelters-lektuere/spanish-property-advice-from-the-plague/

為何，著名的波士頓 GMO 投資公司研究指出 [28]：

　　在美國的股票裡，只有績優股行業（負債少、現金流量穩定、穩固的經營模式）會帶來正面收益。從國際投資角度來看，新興國家的股票和債券就很吸引人，其他國家的債券市場則是穩賠，投資高手則預期木材業景氣看好。重要的是，在任何模擬狀況下——請注意，這不是投資建議——獲利都不會達到皮凱提所提的 4% 到 5% 資本報酬率。投資者反而要有心理準備，稅前收益率大約只有 1% 至 2%，這個數字已經很接近皮凱提預估的工業國家每年經濟成長率。對財富持有者來說，稅後資本報酬率已低於經濟成長率。「儲蓄者無法帶來任何經濟效益。」因此，「讓我們用便宜的貨幣來壓垮這些人吧！」這句話可不是隨便哪個人信口開河的，而是《金融時報》紅牌評論家馬汀‧沃夫（Martin Wolf）說的 [29]。

28　Information abrufbar unter: www.gmo.com

29　Martin Wolf, „Wipe out rentiers with cheap money ", Financial Times, 06.05.2014 und unter: http://www.ft.com/intl/cms/s/0/d442112e-d161-11e3-bdbb-00144feabdc0.html?siteedition=intl#axzz34W8RMkI6

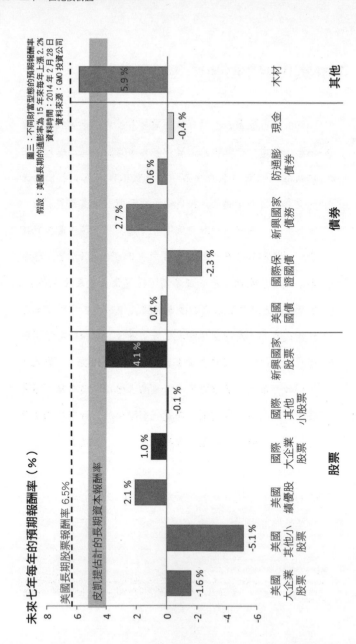

圖三：不同財富型態的預期報酬率
假設：美國長期的通膨率為 15 年來每年上漲 2.2%
資料時間：2014 年 2 月 28 日
資料來源：GMO 投資公司

未來七年每年的預期報酬率（%）

美國長期股票報酬率 6.5%

皮凱提估計的長期資本報酬率

| 股票 | 債券 | 其他 |

美國大企業股票 -1.6%
美國其他小股票 -5.1%
美國績優股 2.1%
國際大企業股票 1.0%
國際其他小股票 -0.1%
新興國家股票 4.1%
美國國債 0.4%
國際保證國債 -2.3%
新興國家債務 2.7%
防通膨債券 0.6%
現金 -0.4%
木材 5.9%

皮凱提高估儲蓄的影響

所有資料都顯示，不僅是資本報酬率低於皮凱提假設的水準，資本收益內再投資、造成財富繼續增加的份額，一部分被用於消費，因此也會比皮凱提假設的低。此外，自用不動產的「收益」，也就是省下來的房租，馬上就會被花掉。

你必須想像不動產所有人付房租給自己，支付的租金其實來自租金的收益，也就是無法利用這種資本來累積財富，儲蓄收益的資本成長率是零。大部分國家的總財富中，自用不動產比例較高（德國沒那麼高），透過資本所得的儲蓄來累積財富，財富成長率較低。不過，財富愈多的人，自用不動產所占的總財富比例就愈低，這種機制的確為財富集中提供了有利條件。

這樣看來，我們不能妄下斷語，認為全世界正面臨財富／所得比無限上升的大災難。就算皮凱提的預言是真的，也不代表這是個問題。全球財富等於全球所得 700% 的境界，

就表示沒有戰爭與自然災難，這應該是值得慶幸的一件事吧
──只可惜距離真實情況遠了點。

財富漸趨集中

　　皮凱提認為，財富分配不均的現象若愈來愈明顯，很可
能造成社會問題。其實，財富集中的現象並非最近才有的新
鮮事。早在羅馬建城時期，所有公民一開始持有的土地都是
一樣的（羅馬方城），但是經過幾十年後，財富就集中在幾
個家族手中了。很明顯地，並不是人人都懂得成功管理一開
始的財富，經營不善或是收穫不好都會造成財富日趨集中。
接著，社會衝突、貨幣貶值、經濟衰敗接踵而來，古代美索
不達米亞國王有鑑於此，做了重大決定：每隔 30 年就重新
分配土地，並且廢除債務。聖經把這一年稱為「禧年」。然
而，禧年的政策卻促使利息上升，後來美索不達米亞每三年
就必須重新分配一次土地。

　　保障私人財產，奠定了體制內的經濟自由與創新基礎，

造就了不同成就的經濟參與者；有些參與者非常成功，有些參與者就沒有那麼成功。財富分配是這種發展的症狀，哈佛大學經濟學教授曼昆（Gregory Mankiw）曾說，對某些人而言，這種不平等的財富分配是一種工作動機，也是傑出能力的獎賞[30]。這句話其實切中要點，因為全球化（世界性的工資競爭）與自動化（愈來愈多就業機會被機械取代，例如使用機器人或 3D 列印機）的緣故，可以預見未來工資和就業機會的競爭壓力仍會繼續增高，所得差異也會繼續擴大。

人口演變的影響

人口演變對財富分配不均的影響也很大。布萊梅大學社會學與人口學家海恩松（Gunnar Heinsohn）用了一個簡單例子來解釋人口演變的影響：

> 某個國家有兩對夫婦 A 與 B，每人都有一百萬財富，所以這四個人的財富完全相等。一個世代過後再看看這個國家，因為出生率降低，人口減少為三人。低出生率在菁

---

30 N. Gregory Mankiw, 2013, „Defending the One Percent＂, Journal of Economic Perspectives, 27(3): 21–34 und unter: http://www.aeaweb.org/articles.php?doi=10.1257/jep.27.3.21

英族群是非常普遍的現象。現在這三個人裡，有一個擁有兩百萬財富，其他兩人仍然維持一百萬財富。

擁有兩百萬財富的，是 A 夫婦的獨生子，他一個人就繼承所有的財產。B 夫婦的兩個小孩各有一百萬財富，因為他們兩人必須平分父母的財產。不公平的氛圍漸漸入侵，光是人口演變就造成國家財富分配不均，僅僅三分之一的人口就突然持有國家總財富的一半（四百萬中的兩百萬）。

再來看看另一個國家，那裡除了有 A、B 夫妻，還有兩個比較窮的公民。這兩個人沒有可拿來賣賣或抵押貸款的財富，沒辦法周轉。他們的資歷不佳，無法賺錢，更別提累積財富。他們身無分文、身陷困境，因此從這四個有錢人身上領取社會救濟金。有錢人從所得裡支付所需的款項，下降的只有他們的所得，財富絲毫沒有減少。

很快地，兩個窮人生了六個小孩。雖然這些小孩生下來

就身無分文，但是就人性尊嚴角度來看，他們和有錢人具有同樣的起始條件。在現代社會福利國家裡，他們有權領取有錢人的部分財富收益。以前領取救濟金的只有兩人，現在變成八人。此外，為了改善生活條件，社會救濟金所得也調漲了 3%。

這八個窮人的人均所得比之前上升了 3%。四個富豪雖然還各保有一百萬財富，但因為他們必須支付八個窮人的社會救濟金，因此可支配所得就沒有那麼高。

窮人的生活改善了，有錢人付出的較多，過程中完全沒有人耍手段，僅僅人口演變就使財富更集中在少數人手上。窮人還沒生小孩前，有三分之二的人口（四個富人相對於兩個窮人）持有全國百分之百的財富，後來這百分之百的財富落入三分之一的人口手上。相對之下，原來只有 33% 的人是無財富者，現在突然增加到 66%。要求討論財富分配不均可能引發的危機聲浪，至此蓄勢待發[31]。

31　Gunnar Heinsohn, Vermögensverteilung: Reflexion zur Piketty-Debatte, malik-management.com unter: https://blog.malik-management.com/kaelte-kompetenz-und-leidenschaft-2/

　　皮凱提財富漸趨集中的假設就是這樣產生的。只有賺錢賺得夠多、有能力儲蓄的人，才能累積財富；只有持有財富的人，才能創造資本所得；財富愈多，投資獲利愈高。繼承讓這種趨勢更明顯，要是沒有矯正性質的介入，如課稅、良好的普及教育，財富將持續集中在少數人手上。

財富漸趨集中對經濟成長具有負面影響

　　財富和所得分配漸趨不均，會削弱經濟動態。現今經濟學討論把這種現象稱為「長期停滯」，這個概念是哈佛經濟學家、曾任美國財政部長的桑默斯最近提出討論的；也就是說，全世界被過多的儲蓄害慘了[32]。儲蓄供給愈來愈多，卻沒有相對的投資需求。這些儲蓄沒有用來消費，所以資本所得愈來愈少，金融市場的投機活動也隨之活絡。這背後的法則是，一般工作者用來消費的所得比例，比高薪者或財富持有者還高。所得與財富愈集中，需求愈不足，尋找投資良機的儲蓄也愈多。

32　Siehe dazu: http://think-beyondtheobvious.com/stelter-in-den-medien/30-jahre-stagnation-der-weltwirtschaft/

　　桑默斯的解決建議為：央行應把利息調至負利率範圍，國家應該增加債務，刺激投資與經濟成長。因此，我們已經到達資本獲利率明顯下降的狀態。

　　其實資本報酬率應該早就下降了。從 1980 年以來，廣大中產階級的所得一直呈停滯狀態，需求與資本報酬率之所以得以維持，完全是因消費資金不是來自所得，而是貸款。過去 30 年來，這種情形愈來愈多，也造就了眾所皆知、用負債堆砌出來的財富成長。在美國，政策竭盡所能鼓勵私人家計單位負債；在歐洲，負債的則是國家，用支出和社會福利來刺激經濟成長。

皮凱提低估了債務的影響

　　至今，我們還在收拾 2008 年金融海嘯的殘局，但是皮凱提竟然只是輕描淡寫帶過這個高築的債台。書中關鍵字索引的「債務」是指「政府債務」，皮凱提處理這個概念時，不是談兩次大戰後國家為了減低債務，透過課稅、通膨造成

的財富損失，就是把它視為經濟大蕭條後為了鞏固社會福利
國家的必然結果。他強調國家債務和私人財富之間的對立關
係，為之後財富稅的改革埋下伏筆。私人債務急速增加的問
題，他反而視而不見，只稍微提及金融財富與債務快速上升
的現象[33]。皮凱提採用的財富數據，都是以資產減去負債後
的淨額。

這個方法使他忽略了很重要的關聯性：財富增加和財富
集中只是事情的一面，財富增加的同時，債務也跟著增加。
雖然財富大部分是自有資本，但也有很大一部分是債權。舉
德國的例子來說：德國財富估計約有 12 兆歐元，其中約有 6
兆是不動產，1 兆是消耗品，5 兆是金錢財富。這些錢當然
不是放在枕頭下，而是有意識或無意識地拿去放貸了。可惜
德國人不是聰明的債權人，因為債務人很明顯沒有乖乖遵守
義務——只要看看德國銀行因為金援美國不動產所造成的慘
重損失，還有尚未解決的歐元危機，就知道了[34]。

我們要關心的，不僅是儲蓄過多的現象，還有債務過高

33　Piketty, S. 194.

34　美國房地產金融危機所帶來的損失，德國銀行可說是名列前茅。放貸給目前歐洲危機國家，
　　也不可能沒有損失，全身而退。德國經濟研究所將該影響量化，請參見：„Wege zu einem
　　höheren Wachstumspfad ", S. 12, und unter：http://www.diw.de/documents/publikationen/73/
　　diw_01.c.423522.de/13-26-2.pdf

的問題。從 1970 年起，債務與財富同時增加並非偶然。根據國際清算銀行的估計，工業國家自 1980 年以來的國家、企業和私人家計單位負債，從國內生產毛額的 160% 上漲到 340%，漲幅大於兩倍。如果考慮通膨率，非金融業的企業負債甚至成長了三倍，政府債務則上升了四倍，私人家計單位債務則上升為國內生產毛額的六倍以上[35]。

在提示的時間內，所有國家的債務明顯增長。德國的情形還算穩固，日本的情況最慘，看得出以更多負債解決因債務過高所引發的危機，後果反而更嚴重。

如果是使用在有建設性的目的上，其實負債本身並不是壞事：投資新設備、支付研究改革費用。即便是信用消費，只要債務人有償還款項的意圖，也沒那麼糟。簡單來說，當債務會促使債務人更努力增加收入和國內生產毛額時，信用消費就沒什麼大問題；在這種情形下，債務和國內生產毛額的成長速度是一樣的。如果債務人無法產出更多，信用消費的問題就大了。例如，期待貸款買來的房子價格上漲，只有

35　Stephen Cecchetti et al., „The real effects of debt ", Bank of International Settlement, Working Papers No 352 (2011) und unter: http://www.bis.org/publ/work352.htm

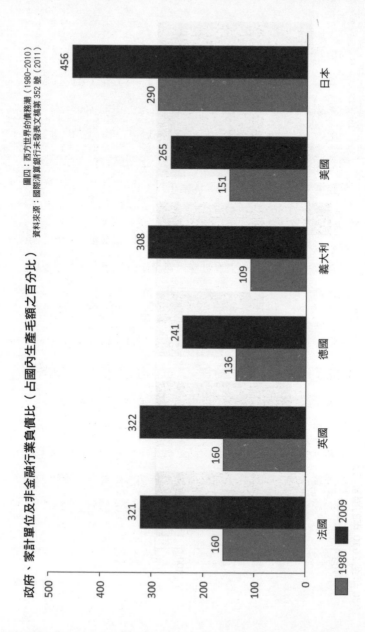

政府、家計單位及非金融行業負債比（占國內生產毛額之百分比）　圖四：西方世界的債務潮（1980-2010）　資料來源：國際清算銀行未發表文稿第 352 號（2011）

法國　英國　德國　義大利　美國　日本

1980　2009

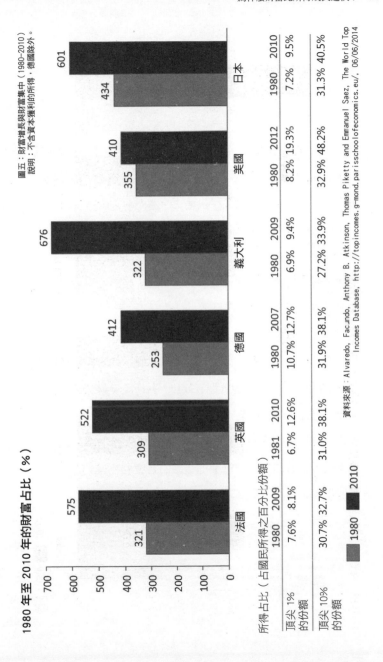

圖五：財富增長與財富集中（1980-2010）
說明：不含資本獲利的所得，德國除外。

1980 年至 2010 年的財富占比（%）

	法國	英國	德國	義大利	美國	日本
1980	321	309	253	322	355	434
2010	575	522	412	676	410	601

所得占比（占國民所得之百分比份額）

	法國		英國		德國		義大利		美國		日本	
	1980	2009	1981	2010	1980	2007	1980	2009	1980	2012	1980	2010
頂尖 1% 的份額	7.6%	8.1%	6.7%	12.6%	10.7%	12.7%	6.9%	9.4%	8.2%	19.3%	7.2%	9.5%
頂尖 10% 的份額	30.7%	32.7%	31.0%	38.1%	31.9%	38.1%	27.2%	33.9%	32.9%	48.2%	31.3%	40.5%

1980 ■ 2010

資料來源：Alvaredo, Facundo, Anthony B. Atkinson, Thomas Piketty and Emmanuel Saez, The World Top Incomes Database, http://topincomes.g-mond.parisschoolofeconomics.eu/, 06/06/2014

在下一個買家願意出比當初價格加上利息及複利更高的價錢
時，債務人才有辦法履行義務。

　　已故的華盛頓大學聖路易斯分校經濟學教授閔斯基
（Hyman Minsky）提出了「龐氏型融資」的概念，這個概念
是根據第一次世界大戰後移民美國的義大利人龐茲（Charles
Ponzi）命名的。他到處行騙套利，用極高的獲利率吸引投資
者。但是，他並沒有信守諾言投資，而是把錢拿來支付自己
的奢華生活方式。早期投資者的利潤由後來的投資者支付，
十個月後，這個騙局就穿幫了。

　　我們的經濟多麼不穩定，從英國的例子就看得很清楚：
自 1990 年以來，英國的抵押貸款和不動產及金融企業的信貸
金額，已經從國內生產毛額的 33% 上升到 98%，漲幅有三倍
之多。製造業的貸款金額穩定維持在國內生產毛額的 25%。
英國銀行借貸給無獲利行業的金額為有獲利行業的四倍[36]，
其他國家如美國、澳洲、加拿大、荷蘭和瑞典也類似。

36　Dirk Bezemer: Big finance is a problem, not an industry to be nurtured, FT, 3. November 2013 und
　　unter: http://www.ft.com/intl/cms/s/0/10c43a5a-4300-11e3-8350-00144feabdc0.html?siteedition=intl
　　#axzz36Di73YpZ

　　1980 年起，債務大幅上升，表示有一大部分債務並未促使債務人努力提高生產，消費、投機、延遲支付現存債務的利息、累積新債務，才是龐大債務背後的真相。

　　皮凱提指出，同一段時間內，財富不僅持續成長，財富集中的情形也很明顯，從圖五就可以清楚看見這個趨勢。

　　財富增加與集中竟然與負債趨勢平行上升，簡直不可思議！這絕對值得我們去探索背後的原因，以及兩者演變的關聯性。

債務和便宜貨幣是財富增加的驅動力

　　我們來觀察一下 1970 年起的經濟發展：首先，美元與黃金脫鉤，讓西方世界從此走入純紙鈔的貨幣系統，也造成了政府樂見的通貨膨脹。政府希望藉由通膨來降低國債，並且降低失業率。結果，這兩個問題並沒有被解決，於是美國發起了政策大轉彎，聯邦儲備銀行大幅提高利率，造成嚴重

的經濟不景氣和股市崩盤，《商業週刊》用「股票之死」來
形容這個經濟慘狀。雷根和柴契爾夫人調降利率，推動國有
企業民營化，旨在脫離經濟停滯狀態。這個措施的確小有成
果，但是拜金融市場撤銷管制與國家政策之賜，私人債務開
始明顯上升。

　　東歐與中國加入世界市場之後，對世界經濟影響甚深。
這些地區的工資比西方工業國家低得多，因此造成西方工業
國家的工資壓力和失業率。原本，教育及創新才是正確的因
應之道，但是政策卻選擇了「負債」這條舒適的道路。在美
國，私人負債情形愈來愈普遍；在歐洲，國家則是不斷擴充
社會福利。

　　通膨率很低讓央行得以鬆綁貨幣政策，這更刺激了負
債及金融市場的投機風氣。1981 年，美國 30 年國債的利率
為 15%，到了 2014 年只有 3%。這種規模的利率水準降幅，
使得所有的金融和物質財富估值升高，這也極有可能是皮
凱提會說最近幾十年來財富趨向集中的主因。舉個簡單的例

子：假設退休金自古以來是 100 美元，1981 年時就有 667
美元的價值（100/0.15），2014 年就有 3,333 美元的價值
（100/0.03）。這樣看來，財富幾乎成長了五倍之多。

新貨幣發行時，先取得新貨幣者較占優勢，銀行、避險
基金和私募基金從中獲取暴利。便宜的信貸取代自有資本，
發揮了投資槓桿作用。1980 年，美國金融業創造了 10% 的
盈餘。金融海嘯前，金融業的盈餘竟然是 40%；即使經過金
融海嘯的衝擊，也仍有 30% 的利潤。國民經濟負債愈嚴重，
金融業利潤就愈高，反正銀行可以輕輕鬆鬆、不花分文地「無
中生有」創造新錢，難怪富豪排行榜上盡是金融業代表。

研究報告指出，金融業比例高的國家，投入投資與創新
的資金較少，金融業無法提高經濟產值[37]。事實正好相反：
金融業規模愈大，經濟成長率愈低，發生金融危機的頻率也
愈高[38]。英國《經濟學人》指出，金融業的利潤和薪資這麼
高，其實毫無道理可言[39]。這種現象反映了一個事實，國家
人民的債務愈高，金融業賺的愈多。

37　Stephen Cecchetti, Enisse Kharroubi, Why does financial sector growth crowd out real economic growth?", September 2013 und unter: https://evbdn.eventbrite.com/s3-s3/eventlogos/67785745/cecchetti.pdf

38　Guillaume Bazot: Financial Consumption and the Cost of Finance: Measuring Financial Efficiency in Europe (1950-2007), ohne Datum und unter: www.parisschoolofeconomics.eu/IMG/pdf/jobmarket-1paper-bazot-pse.pdf

39　Counting the cost of finance, Economist, 21. Juni 2014 und unter: www.economist.com/news/finance-and-economics/21604574-new-paper-shows-industrys-take-has-been-rising-counting-costfinance

　　實施歐元在歐洲先引發了負債潮。即將實施歐元的消息一發布，其他歐洲國家便一一調降利率，向德國的利率水準看齊。但是其他國家的通膨率其實高於德國，所以實際利率已經到了負利率的程度；對債務人而言，這種誘惑簡直令人垂涎三尺。債務愈堆愈高，便宜的貨幣煽起不動產及經濟熱潮。西班牙營造業最好的時機，幾乎跟英國、法國和德國營造業加起來的規模一樣大。西班牙經濟景氣大好，一方面使得工資提高，另一方面卻也讓西班牙和其他危機國家一樣，失去了競爭力。這些國家債台高築、工資太高，無法在國際市場的競爭上取得一席之地。

　　債務累積的規模令人嘆為觀止。從 2000 年到 2008 年，愛爾蘭的負債上升了 221%，希臘上升了 149%，西班牙上升了 146%，葡萄牙上升了 89%；相較之下，法國（68%）、義大利（57%）和荷蘭（56%）還算穩定。幾乎所有國家的債務成長都比經濟產值還快，只有德國的債務增加（19%）比經濟產值增加（21%）還低 [40]。

40　Daniel Stelter, Die Krise ... ist vorbei... macht Pause ... kommt erst richtig, 2014, S. 6.

便宜的貨幣政策以及低利的債務，直接影響了皮凱提實證研究的結果。

便宜的貨幣對財富價值有直接的正面影響：

・透過穩定總需求。西方中產階級，尤其是美國，藉由增加負債來彌補所得成長的不足。

・降低財富獲利預期，自然會抬高財富相對於國民所得的價值。

皮凱提僅僅將逐漸上升的債務當成會計數字，他把財富毛額（例如 500）減去債務（例如 200），得出財富淨額（300）。

然而，負債對毛額有資金槓桿作用。如果 500 的財富毛額沒有 200 的負債加持，財富淨額可能就只有 200，而非300。怎麼會這樣？有很多論點支持：

・由於可以借貸，所以對於特定財富的需求增加。在不具負
債的可能性時，這些財富需求不會被考慮。提醒一下：如
果某個財富價值的獲利高於借貸的利息費用，以債生利來
提高原有資本的報酬率就輕而易舉了。如果花 100 歐元買
了某個財富價值（例如股票），每年股息有 10 歐元，則
資本報酬率為 10%。如果再花 5% 的年息借入 80 歐元，報
酬率就上升到 30%（(10.0-4.0)/(100-80)=6.0/20）。此外，
你也可以花 500 歐元累積財富，這會更進一步提高整體獲
利。結果：財富需求升高，價格也水漲船高。

　　皮凱提提及日本和西班牙的不動產泡沫經濟，就是這樣
的例子。根據皮凱提的研究，2008 年西班牙財富／所得比創
歷史新高 800%。泡沫破滅後，經濟也跟著垮了；要不是當
初不斷大肆舉債，西班牙也不會陷入這樣的慘境。雖然皮凱
提也觀察到這些泡沫，卻把它們當成趨勢內的暫時偏轉[41]。
他並沒有看見整個西方世界淪陷在債務泡沫裡，並且陷入評
價泡沫中；從他對英國、法國及德國不動產的觀點，就已經
透露出他對債務的影響視而不見。皮凱提沒有看透英國和法

41　So zum Beispiel in seiner Anmerkung zu Japan; Piketty, S. 172.

國的不動產高估是因為私人債務氾濫，反而認為是德國不動產被低估了。

・財富價值升高，利率水準又低，使得經濟參與者愈來愈想投機。貸款的人愈來愈多，因為大家都認為可以用財富升值的部分來償還本金與利息（之前提過的龐氏型融資），這使得財富價值繼續飆漲，直到財富昂貴到沒有需求的程度。接著價格嚴重下滑，造成我們現在身陷其中的負債過度危機。

・只要財富價格繼續上升，接下來就會發生所謂的「財富效果」。財富持有者覺得自己更有錢，也用更多錢消費，如此就可刺激景氣，造成經濟繁榮的假象。這種假象會使企業獲利提高，勞務所得上升，更合理化上漲的財富價值。有趣的是，美國聯邦儲備體系宣布提升財富價值為目標，好讓預期的財富效果可以促進經濟成長。

・透過運用外來資本，可提高自有資本的收益。表面上獲利

提高,以致高估資產價格。

· 另一個因素是財富價值持續下跌。企業不僅藉資金槓桿作用來提升獲利,也用來減少流動的股票數量。換句話說,就是買回自己的股票來控制市面上股票的流動量,這也會使財富價格上漲。

　　皮凱提的論述必須擴展到債務觀點,這對他的政策建議也很重要。財富與債務是一體的兩面,要不是可以透由負債創造新的財富需求,經濟力與資本報酬率很可能會下降。資本報酬高的時期之後,通常會有一段低報酬、甚至負值資本報酬率的時間。觀察一下經濟現狀,有些觀察者擔憂的「長期性經濟停滯」便不難解釋,因為儲蓄沒有適合的投資管道(=財富),導致利息繼續降低。就算現有的資產可再提高獲利,但是要擴充資產,獲得相同報酬率,只有少數行業才有可能辦到。

　　看財富和債務這一體兩面時,特別要考慮的是,財富持

有人與債務人不一定是同一個人。皮凱提把焦點放在財富淨額與淨財富的分配問題，這樣必須考量一點：依照這種計算方式，很多沒有持有財富、但實際上卻擁有許多資產的人，名下的債務也不少。較貧窮的人們不僅要面對沒有資產的問題，還必須承受還債壓力，這一點對於皮凱提政策建議的相關討論意義重大。

用便宜貨幣對抗債務危機，只是雪上加霜

　　每個經濟危機的原因多半是因為之前的某種熱潮。如前所述，幾十年來，政府與私人部門的債務明顯成長很多，到了 2008 年終於不支倒地。很明顯地，債務人的行為太沒有分寸，藉由負債創造出的財富泡沫並沒有如預期能保值（例如西班牙，皮凱提判定 2008 年的財富／所得比會達歷史高峰 800%）。當價格開始下跌時，愈來愈多的債務人會連帶使得提供信貸者（銀行）也陷入困境。這便是瑞典經濟學家維克塞爾（Knut Wicksell）早在 1898 年就提出的典型「金融循環」概念，和一般的景氣循環有所差異。

其實，核心想法簡單明瞭：利息太低會引發負債熱潮，財富價值連帶上漲。債務與金錢並非獨立於經濟之外，而是經濟內生的。在我們的貨幣系統下，銀行無中生有創造金錢做為信用貸款的資金。如果財富價值上升，例如不動產價格上漲，這些信貸就很安全，也有保值作用。信用貸款會導致更多額外需求，不動產的價格就會上漲，銀行可拿來信用貸款的資金就更多，刺激更多需求，繼續造成財富價格上漲。

債務不可能長期比所得成長更快，負債熱潮總有結束的一天，而這天就是金融危機的開始。「資產負債失衡衰退」[42]緊接而來，這使得債務人必須想盡辦法讓資產負債恢復平衡——撙節、還債、破產。

國際清算銀行做出了以下的總結：「金融週期與景氣循環不同。金融週期描述的是引起金融指數上下波動的交互作用，也就是估值、預估風險、實際風險及融資條件之間的交互作用。一般說來，金融週期比景氣循環週期還長，其核心指標為信用及房地產價格。長期看來，生產與金融指標可

42　資產負債表衰退這個概念，最早出於日本經濟學家辜朝明。一開始是用來形容 1990 年後的日本經濟發展，後來也用來解釋金融與經濟危機。請參見：The World in balance Sheet Recession: Causes, Cure and Politics, real world economics review, abrufbar unter: http://www.paecon.net/PAEReview/issue58/Koo58.pdf

能會朝不同的方向發展，但是當融資熱潮結束時，兩者之間的關聯性通常會再度突顯。金融週期的下行階段經常出現銀行危機，同時發生多次嚴重的經濟衰退── 資產負債失衡衰退，比一般景氣循環波動幅度更大。」[43]

若是沒有央行和政府毅然介入，我們可能還得再次面臨1930 年代的經濟大恐慌、銀行倒閉、公司破產及失業潮。

危機起因是過多的便宜貨幣以及龐大債務，沒想到當時政府開出的藥方竟是印更多鈔票、舉更多債：央行再度大幅調降基本利率，並且大量收購有價證券。國家繼續舉債，以便穩住景氣。雖然大家都在談「撙節」，但事實上沒有人感受到它的存在。自 2007 年以來，不僅是工業國家的私人及政府債務節節上升，就連新興國家也不例外。七大工業國組織的國家債務占國內生產毛額的百分比，增加了 40 個百分點，上升到 120%，而私人部門的負債情形也愈來愈嚴重。2007 年至今，全世界的債務已經上升了 30%[44]。歐洲的危機國家也不例外：愛爾蘭債務占國內生產毛額，比 2008 年還

---

43 84. Jahresbericht der Bank für Internationalen Zahlungsausgleich, S. 73, abrufbar unter: http://www.bis.org/publ/arpdf/ar2014e.htm

44 84. Jahresbericht der Bank für Internationalen Zahlungsausgleich, abrufbar unter: http://www.bis.org/publ/arpdf/ar2014e.htm

增加了 84%，葡萄牙是 69%，希臘 55%，西班牙 40%，法
國 34%，義大利 27%；就連經濟穩定的荷蘭，債務也上升了
24%[45]。

金融危機發生至今，經濟仍然沒有復原跡象。所有危
機國家的經濟力都比危機前還低，歐元區的大國只有德國在
2008 年的水準之上。在各國負債累累的情況下，這樣的結果
一點都不令人訝異。新債務中，絕大部分都被用來防止經濟
不被原有債務拖垮，哪有餘錢用來製造新需求，更別說是投
資了。

國際清算銀行表示：「私人部門的龐大債務，會妨礙持
續的經濟成長。那些經歷融資熱潮的政府、私人家計單位和
企業都大幅受挫，面臨嚴重的金融及整體經濟緊縮的威脅。
危機國家中情況最嚴重的，私人部門的債務和國內生產毛額
相比仍然很高，私人家計單位和企業對利率上升相對敏感。
這些國家很可能掉入債務陷阱：低利率造成的經濟成長會吸
引人們負債更多，沒有解決問題，反而使問題更加棘手。」

45　Daniel Stelter, Die Krise ... ist vorbei ... macht Pause ... kommt erst richtig, 2014, S. 54.

如果是我，我會刪去「很可能」這三個字：這些國家已經陷入債務陷阱。

用便宜貨幣與更多債務去對抗正是由便宜貨幣與債務造成的危機，正式宣告失敗。歐洲政府和央行沒有看透問題核心，反而只是加強原來的處方劑量，這才真是教人傷心。套句老話來形容目前的狀況：「如果沒發揮效果，那就再下猛一點吧！」

金融市場可明顯察覺到以債養債政策的後果，在美國、英國和日本也是如此。如前所述，波士頓 GMO 公司的研究報告指出，對金融市場的評估以及對實際經濟基本面的分析大相逕庭。有些指標支持這種說法：

・2013 年，歐洲股票市場淨收益為 15%，但實際上經濟停滯，而且預期利潤還下跌了 3%。

・2014 年夏，西班牙支付十年期國債的利率為 2.57%，義大

利則是 2.7%。這可是前所未有的利率新低，甚至低於美國
──雖然這兩國的負債比美國還高，人口結構演變前景比
美國還差。

・不僅國債從央行的錢潮中獲利，信用評比差的債務人所發
行的垃圾債券風險也降回 2007 年的水準。

・清理過的美國股價收益比，再次比長期平均值還高，股票
價格不菲。

・科技產業再次面臨網路評比標準：營業額取代利潤，因為
根本沒有利潤可言。公司的評價則依使用者數量而定。

「我看到的，是跟 2007 年一樣的價格泡沫。」威廉・
懷特（William White）指出。他可不是什麼名不見經傳的人
物，而是當時國際清算銀行的首席經濟學家，曾經正確預言
金融危機的到來。現在，他強調說明 [46]：

46　William White, Ich sehe Preisblasen wie 2007, Interview in der Finanz und Wirtschaft, 11. April
2014 und unter: http://tablet.fuw.ch/article/ich-sehe-spekulationsblasen-wie-2007/

· 有史以來，央行從來沒有如此大的動作，就連 1930 年代的央行也沒有如此嚴重介入。政策正在做實驗，結果會如何完全不確定。

· 政策希望把財富市場「吹起來」。財富價值上升，人們覺得自己比較有錢，就會多多消費刺激經濟景氣。這種方法到底有沒有用，其實還很值得懷疑，更何況還會造成金融動盪。

· 最令人擔憂的是，這項貨幣政策並不能解決金融危機本質的龐大債務問題，央行也無法解決這個問題。

· 若要解決負債過度的問題，就必須清償或重整債務，這只能由政府出面解決。目前的貨幣政策支撐著由負債堆疊的系統，讓政策可以睜一隻眼閉一隻眼，迴避必要的措施。

· 歐洲的結果非常明顯，愈來愈多企業和銀行破產；但是，政府仍然假裝是正常現象，只是延長信用。專家把這些沒

有能力償還債務及投資未來的企業和銀行稱為「吸血鬼」。
看看銀行的狀況就知道了，政策可說是自欺欺人。

· 我們沒有明顯的通貨膨脹，是因為貨幣政策在重重債務包
圍下失效。央行只能直接影響基礎貨幣數量，無法左右信
用貸款的發放。現在歐元區放貸金額下降，不代表風險降
低。威廉·懷特用生動的畫面來比喻目前的狀況：這就好
像有人從二十層高的地方往下跳，降落到一半時說了「到
目前為止都好」。如果日本式貨幣政策繼續擴張介入，
人們將不再信任貨幣，懷特認為會有通貨大膨脹的危險。

懷特的國際清算銀行接班人，在最新的年度報告中也提
出警告：目前的經濟政策有許多副作用，他要求政治應回頭
是岸。這種激烈的貨幣政策無法解決現實的經濟問題，反而
會造成金融市場泡沫。投資者找不到合適的投資管道時，可
能會冒更大的風險[47]。可惜目前政策仍然執迷不悟，反而變
本加厲。

47　84. Jahresbericht der Bank für Internationalen Zahlungsausgleich, abrufbar unter: http://www.bis.org/publ/arpdf/ar2014e.htm

如果沒有央行大刀闊斧介入，也許我們會經歷 1930 年代的經濟危機。然而，這種解救方式在 2009 年和 2010 年奏效，之後西方國家就長期在央行的持續貨幣寬鬆下苟延殘喘，仍然無法解決病灶，皮凱提批判的財富價值上升與財富趨向集中問題也日愈加劇。

政治不但沒踩煞車，反而加速前進

從遠古至今，人類便致力於限制財富集中的發展，因而引進累進所得稅和繼承稅等政策。此外，投資下一代的教育也同樣重要。皮凱提認為，除了高所得稅率之外，美國 1950 及 1960 年代的全民教育普及，也是促使財富及所得分配「較公平」的功臣。

1980 年起，政策卻有了變化：以債養債推動經濟，成了政策的重心；更有甚者，頂尖高所得的所得稅及財富稅稅率竟然還下降。過去政策對基礎改革通常裹足不前——尤其是經濟現代化、投資教育、創新、社會基礎設施——所以選擇

走向較容易負債之路。也因為忽略了基礎改革，債務危機才會出現，財富才會增加，並且日趨集中。然而，最近幾年的紓困措施卻促使這種趨勢愈演愈烈。

　　皮凱提考量之後，提出了什麼呼籲？這些建言的評價如何，它們對目前的債務危機有何意義？下一章將討論這些問題。

4 / 21 世紀的財富稅

定義：

社會福利國家＝國家主動透過徵稅、分配、社會福利、教育及基礎設施的投資，保障全民的福祉。

國家債務＝國民財富錯誤分配給國家與私人的結果（根據皮凱提的定義）。

累進所得稅＝所得稅稅率會隨著所得提高。所得愈高，所得中用於繳稅的份額就愈高。

累進遺產稅＝類似累進所得稅。繼承的遺產愈多，繳稅的份額愈高。

一次性財富稅＝一次性對財富課稅，藉以解決國家債務危機。

累進財富稅＝類似累進所得稅，財富若是愈多，繳稅的

份額就愈高。

國家破產＝國家停止付款，連帶造成債權人損失。

撙節＝減低支出，以降低國家債務。

通貨膨脹＝貨幣價值貶低，目標是讓債務相對於國民所得名目下降，可以減低國家債務。

核心論述：

1930 年代的經濟大蕭條，造就了社會福利國家的出現。社會福利國家透過課稅來重新分配所得與財富，並且將稅款投資在教育與基礎設施，這樣做可以減緩財富集中的趨勢，也使得財富／所得比下降。皮凱提認為，累進所得稅制（超高所得的所得稅率為80%）和累進遺產稅的發明，對於減緩財富集中的貢獻最大。

　　1980 年代以來，稅率明顯下降。如此一來，原本可用來阻止財富集中的良好系統就被毀了。為了使財富／所得比和財富集中再次恢復到一次大戰前的水準，皮凱提呼籲必須大幅提高所得稅（所得 50 萬美元以上，課徵 80% 所得稅），並且引進全球性累進財富稅。由於實際上要執行全球性財富稅困難重重，他建議第一步先課徵地區性財富稅，特別是歐洲的財富稅。

　　國家負債之所以不公平，是因為所有納稅人都被迫支付有錢人手中的國債債券利息，所以我們也應該拒絕以撙節來減低國家債務。國家之所以會負債，是因為國民財富在私人部門及公共部門之間分配錯誤。歐洲的國家債務危機可以藉由一次性財富稅來解決，而且受影響的只是一小部分居民。宣布國家破產會造成混亂的倒閉潮，也會造成銀行瓦解，所以此路萬萬不可行，而通貨膨脹也可以減少債務和財富。

評論：

　　儘管皮凱提選擇不談便宜貨幣與整體債務上升的問題，但他還是察覺到國家債務上升的危機。對他而言，國家債務是國民財富在私人部門與公共部門之間分配錯誤的結果。雖然他也認同社會福利國家的資金使用效率還有待改善，但是他堅持至少要維持目前水準，甚至應該繼續擴大社會福利的實施範圍。可是，他忽略了在人口不斷老化的情形下，政府根本是入不敷出。皮凱提讚揚徵收稅款來支付退休金的體制，也認為這個制度相當穩定，只需微幅調整。從這一點就可以看出，他實在過度樂觀，忽略了在人口數量趨減的情況下，稅金如何應付這筆龐大支出。

　　關於歐洲國家的負債，皮凱提建議以徵稅來解決問題；然而，他卻忽略了私人負債問題也同樣病入膏肓。事實上，歐洲需要的是重新整頓三至五兆歐元的私人及公共債務。皮凱提把分析重點完全聚焦在公共債務上，因而忽略了歐洲國家之間的債務分配問題。也就是說，德國納稅人（＝財富持

有人）必須擔保包括義大利和法國等危機國家的債務。

　　皮凱提針對歐洲債務過高所提出的解決方案，得到了許多正面迴響。連國際貨幣基金會及德國央行，都贊同以一次性財富稅米解決債務危機，可見未來政策的確要轉變方向。儘管皮凱提的理論小有缺失，而且忽略了便宜貨幣及私人部門債務狂飆的因素；但是，未來幾年他的論述在經濟政策的影響力不容小覷。除了用債務撤銷、重整和財富稅來解決債務危機，別無其他政策可以選擇。

4.1 皮凱提政策建言總整理

社會福利國家的功能

對皮凱提而言，社會福利國家大概是 1930 年代經濟大蕭條帶來的最佳結果。跟戰前的國家角色截然不同，社會福利國家主動介入經濟，市場控管較嚴格，企業國營化、卡特爾管制法規也更嚴格，光是這些措施就會使資本報酬降低。此外，社會福利國家也將較多經費用於普及教育、健康保險和退休福利。現今工業國家把 10% 至 15% 的國民所得用於教育和健保，10% 至 20% 則用於移轉性支付（退休金、失業給付和其他社會福利）；也就是說，國民所得用於社會支出的份額占 25% 至 35%。皮凱提把「共享權」視為這種大規模再分配的基礎。

對皮凱提而言，所有朝向廢除社會福利國家的討論都是

走錯方向；若是捨棄社會福利國家制度，之前累積的進步都是枉然，不平等的現象會更嚴重。像美國和英國這些逐漸與社會福利國家背道而馳的地方，都已經嚐到苦果。

更好的方法是社會福利國家的現代化與重建，使它們未來在相同的所得水準下，特別是在人口逐漸老化的環境下，仍能完成任務。皮凱提非常強調自由與低廉的教育管道，他讚揚美國頂尖大學的品質，卻也批評這些學校的昂貴學費可能造成只有富人子女才能就讀。他認為，免費或學費低廉的教育系統比較可取，這種教育系統才能創造社會流動。根據他的研究資料，在美國，父母的財富和所得背景對子女的所得水準有關鍵性影響。在歐洲，例如斯堪地那維亞半島，社會流動性則明顯高出許多。

皮凱提認為，在退休金制度方面，隨收隨付的制度比個人自行存退休老本的儲備金制度更適合未來。隨收隨付的制度之所以較好，是因為「理論上，如果現今的在職勞工確保平均工資會盡快升高，他們就會把錢投資在子女的基礎與高

等教育上，出生率也會較高」[48]。然而，這個理論完全與現實不符，皮凱提則隻字未提。此外，他似乎完全忘了人口數量結構轉變的問題。沒錯，延後退休年齡是個方法，但是，這只能適用體力不過度勞累的工作。未來支付退休金的人負擔沉重，皮凱提也完全沒著眼討論這一點。最後，皮凱提提到貧窮國家與新興國家，希望這些國家也能步上社會福利國家之途。

累進稅制

社會福利國家需要錢。皮凱提認為，不想讓財富／所得比上升，就要遏止財富集中，累進稅是必要手段。他認為，累進所得稅及累進遺產稅是 20 世紀稅務上最大的革新。

二次大戰後的累進稅制，等於是將超額的所得及財富「充公」。在所有對抗不均的方法中，累進稅制算是「相對自由的方法，因為這種稅制尊重私有財產和競爭力」[49]。20世紀的蘇聯和其他國家將馬克思的解決方案「發揮到極致，

---

48 Piketty, S. 487f.
49 Piketty, S. 505.

也發揮得更徹底」[50]。這些國家徹底廢除私有財產，一切國有化，直接用消除資本的方式解決資本報酬的問題。可惜事實證明，計畫經濟比不上市場經濟及私有財產。有鑑於此，皮凱提認為高稅率政策較為可行。

從 1932 年到 1980 年，美國最高所得稅率平均為 81%；當時歐洲的稅率低了許多，但仍然超過 50%。美國在遺產稅方面算是先驅，1930 年至 1980 年間，最高遺產稅稅率在 70% 至 80%，而歐洲遺產稅率約在 30% 至 40%。

對皮凱提而言，解決之道就在眼前：工業國家應該立即修正過去幾十年來減稅的「錯誤」。具體而言，他建議美國恢復高稅率政策，即年所得超過 50 萬美元就課徵 80% 所得稅的制度[51]。要減緩全球化引起的弊端，高所得稅是必要手段。全球化使得西方世界的中產階級薪資壓力很大，真正從全球化得到好處的只有一小部分人。根據皮凱提的說法，只有透過重稅，全球化經濟的公共援助系統才得以維持，否則可能會步上國家主義和保護主義。

50　Piketty, S. 531.

51　Piketty, S. 513.

　　光是提高所得稅還不夠。雖然提高所得稅可以限制或減少財富上升，但是對於既有的財富無法發揮作用，億萬富翁的稅額也只有幾百萬。他舉了萊雅集團的麗麗安‧貝登古（Liliane Bettencourt）為例子，她名下的資產超越 300 億美元，支付的所得稅卻從沒超過 500 萬[52]。正因如此，我們需要全球性累進財富稅，必須全球同步徵收財富稅才不會有落網之魚。至於採用累進稅制的原因，則是要避免皮凱提模型裡超額的財富成長出現。這項稅制針對所有的財富項目：不動產、金融財富、企業財富。「沒有任何例外。」[53]

　　全球資本稅可能是個烏托邦的想法，但是皮凱提呼籲，至少要在本地或區域層次上實施，尤其是歐洲。他建議的遺產稅率非常高，幾乎三分之二遺產都必須繳交國庫；相較之下，財富稅的稅率低多了。皮凱提建議 100 萬到 500 萬歐元的財富課以 1% 的財富稅，財富金額更大的則徵收 2% 的財富稅[54]。在歐盟國家內，財富稅只針對 2.5% 的人口，這筆稅收將會為國家帶來相當於 2% 的國內生產毛額收入。同時他也強調，他估計財富超過一億時，資本報酬率有 6% 至 7%，

52　Piketty, S. 525.

53　Piketty, S. 517.

54　Piketty, S. 528.

其實財富稅稅率還有上調的空間[55]。

如果歐洲不聯合起來,各國非常可能會自行針對財富課稅,皮凱提擔心民族主義、保護主義和資本流動管制的問題會因此出現。

解決歐洲國家債務問題

歐洲是財富/所得比最高的大陸,卻同時也陷入國家債務危機。對皮凱提而言,這證明了國家債務是財富分配的問題,而不是財富缺乏的問題。他舉了義大利為例,政府雖然債台高築,私人家計單位卻財富豐沛。

想要解決國家債務問題,有很多種可能性,皮凱提的評論如下:

・撙節:會讓經濟成長率更低,而且不公平。大多數公民要為小部分公民的利潤買單,更何況這種方法有損社會福利

55　Piketty, S. 529.

國家的運作。

· 公有財富私有化：這跟用債務換租約沒什麼兩樣，政府財富會落入有錢人的圈子，完全不可行。

· 國家破產：如同希臘的例子，國家也可以終止付款，重整債務。但是，這麼做會連累到好幾個比希臘大的國家，一定會引發銀行危機和倒閉潮。

· 通貨膨脹：過去就有例子採用通貨膨脹來解決超額的債務問題，現在當然也有採取這種手段的可能性。只要通貨膨脹率從 2% 上升到 5%，國家債務至少會降低大約 15% 的國內生產毛額。這種措施尤其會影響手中握有金融財富、沒有拿來投資生產的人，伴隨而生的重分配效應不容忽視，尤其是小額財富所受的影響最大。

· 一次性財富稅：皮凱提認為，一次性財富稅是克服債務危機的理想方法。只要在歐洲一次性對私人財富徵收 15% 的

稅，就能帶來一整年的國民所得，清償目前的國家債務。
根據皮凱提的論述，一次性財富稅也該考慮累進稅制，可
以保障小額財富。如果要讓國家債務減低 20 個百分點、
約 70% 的國內生產毛額，長期來說，甚至降到 60% 的國
內生產毛額，那麼只要針對 100 萬以上 500 萬歐元以下的
財富課徵 10% 的一次性財富稅，超過 500 萬歐元的財富課
徵 20% 的一次性財富稅，就足以達到這個目的 [56]。此外，
也可以把一次性課稅改成十年分期課徵。皮凱提認為，這
種方法之所以迷人，是因為受影響的只有少數居民。

皮凱提的世界觀

　　皮凱提的觀點可以總結如下：為了遏止財富上升和集中
的趨勢，針對高所得與高財富的充公性徵稅是唯一的道路。
國家債務只是私人和公共部門的分配問題，應該用一次性財
富稅來解決。

56　Piketty, S. 544.

4.2 對皮凱提政策建言的評論

社會福利國家的真實成本

皮凱提讚揚社會福利國家可以實現共享的理想，可對抗財富和所得分配不均，但是他並未察覺現存體制的基本缺失，認為社會福利國家只要提升效率及促進現代化即可。他認為，長遠看來，隨收隨付的退休金制度比其他制度更好，也強調隨收隨付的退休金制度具有鼓勵生育及教育的作用。姑且不論這種說法沒有實證支持（看德國的例子，雖然政府極力鼓勵生育，生育率還是非常低），皮凱提還忽略了老化社會的社會成本非常高。現有的數據已非常驚人，2009 年，各國政府若要兌現未來的退休金、養老金及健保的支票，估計要負擔的債務都是天價（國內生產毛額的百分比）[57]：

德國：413%

---

57 Jagadeesh Gokhale, „Measuring the Unfunded Obligations of European Countries", National Center for Policy Analysis, Januar 2009 und unter: http://www.ncpa.org/pdfs/st319.pdf

英國：418%

法國：542%

義大利：358%

美國：534%

因此，國際清算銀行要求各國必須採取因應措施，避免國家財務失控。皮凱提計算財富／所得比的時候，並沒有考量到這種相關性。如果把國家債務這些資料應用在皮凱提的資料上，財富／所得比會明顯低很多[58]：

德國：-1% 取代皮凱提算出來的 412%。

英國：104% 取代皮凱提算出來的 552%。

法國：33% 取代皮凱提算出來的 575%。

義大利：318% 取代皮凱提算出來的 676%。

美國：-124% 取代皮凱提算出來的 410%。

當然，這兩種計算方法都有漏洞。皮凱提是否使用正確的企業財富值來計算？政府的債務是否估算正確？這兩種定

---

[58]　這些數字說明得很清楚：財富／所得比加上官方國家負債，減去用高克哈爾（Jagadeesh Gokhale）的方法計算出來的實際債務。並不是同一年都有兩組數據可以使用，實際上可能會有小誤差；不過，用來估計債務規模仍是合理的。

義可以相互比較嗎？儘管有這些疑問，結果的大方向還是這樣沒錯。

接下來幾年，政府必須設法兌現這些空頭支票。可預期的是，退休年齡會愈來愈高，退休金會愈來愈低，而且會出現分配衝突。皮凱提建議政府必須逐漸重新分配經費，從德國政黨大聯盟的退休金決策，可以明顯看出現在就依據老人的需求做決策，因為老人占了選票多數。這些數據也說明了社會福利國家的系統有檢討的必要。皮凱提認為，財富集中已經危及社會的道德基礎；另一方面，我們也必須認清政府數十年來舉債度日對民主及社會團結的危害也不小。

不只是國家負債問題

我們討論過皮凱提忽略的私人部門債務增加的影響。皮凱提強調，歐洲是財富／所得比最高的大陸，卻同時存在著債務問題。沒錯，債務對財富值的影響在這裡也看得出來。歐洲不僅是財富最多、同時也是債務最高的地區，套句財經

領域的行話，歐洲透過信用貸款達到最大槓桿效果。要是沒有濫用負債手段，歐洲的財富應該比現在少很多。

　　負債熱潮不僅讓財富增加，也成了沉重的負擔，很多債務人無法支付應付款項。討論歐洲的銀行系統時，必須考慮負債的嚴重情形；客觀看來，這個系統已經毫無償還能力。沒有人知道資本結構重整所需的八千億歐元要從何而來[59]，所以人人假裝這些銀行還有價值，歐洲央行甚至還準備了大筆流動資金。

　　債務問題到底有多麼嚴重，圖六說明得很清楚。

　　所有國家的總負債都創下新高，負債最多的愛爾蘭（國內生產毛額的 406%）和葡萄牙（381%），債務竟然比日本還高（372%）。其他國家的債務約在 250% 至 300% 之間，只有德國的債務較低，是國內生產毛額的 206%。很明顯地，歐洲的債務危機不光是公共部門負債問題，很多國家的私人部門債務也過高。

59　Viral V. Acharya, Sascha Steffen, „CEPS Policy Briefs: Falling short of expectations? Stress-testing the European Banking System ", 15. Januar 2014 und unter: http://www.ceps.eu/book/falling-short-expectations-stress-testing-european-banking-system

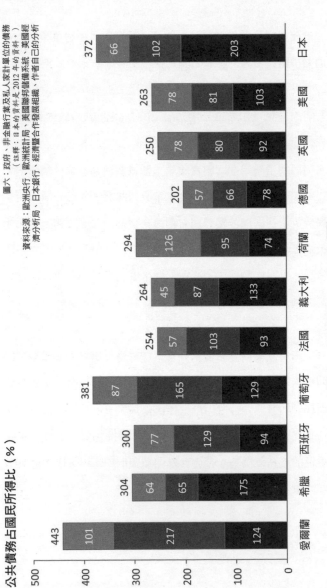

圖六：政府、非金融行業及私人家計單位的債務
（註釋：日本的資料是 2012 年的資料。）
資料來源：歐洲央行、歐洲統計局、美國聯邦儲備系統、美國經濟分析局、日本銀行、經濟暨合作發展組織、作者自己的分析

公共債務占國民所得比（％）

皮凱提只考量淨額，也就是資產扣除債務的淨額財富，遺漏了龐大債務的影響。負債熱潮結束，財富值就跟著減少──皮凱提用西班牙的例子簡單帶過──愈來愈多債務人跟著陷入困境。這就是我們在第二章討論過的典型金融週期。

這波金融熱潮的影響跨越了好幾個國家，使得整個情形雪上加霜。愛爾蘭、葡萄牙、希臘和西班牙都有外債問題，要解決債務問題，就必須有國際合作為前提。德國、法國和英國都是重要的債權國，債權國不是多向債務國購買商品或勞務，可能就必須透過國際協商來重整債務，放棄（部分）債權。

可預見的是，不只政府無法償還所有債務，某些國家內的私人部門也無法支付應付款項。我們只能猜測這些呆帳的占比到底有多高，假設長期來說，國家可以承受的債務為國內生產毛額的 60%[60]，我們把這個目標值也應用在私人家計單位和企業部門上，則總債務為國內生產毛額的 180%（60% 的三倍）[61]。

60　皮凱提自己認為，60% 的規則沒有根據。不少研究報告卻指出，國家債務可承受範圍為 50% 至 60% 的國內生產毛額，超過這個占比就會出問題。請參見：OECD in „Fiscal Consolidation: How much, how fast and by what means ", April 2012 und unter: http://www.oecd.org/tax/public-finance/50106656.pdf. 相關資料來源可參考：Daniel Stelter, Die Krise ... ist vorbei ... macht Pause ... kommt erst richtig, 2014, S. 79.

61　詳細的債務積壓計算，請見：Stelter et.al, Die Billionen Schuldenbombe, Weinheim 2013, S. 164ff.

假設部分債務人手中仍持有財富可變賣以償還債務，可以想像政府、企業和私人家計單位的總債務可能為國內生產毛額的 240%（60+90+90）。依照這個假設，債務積壓（也就是超出未來償還能力的債務）的金額有三至五兆歐元，約占目前歐洲總債務的 20%[62]。債務增加的速度比經濟成長率還快，債務積壓也一天比一天多。如果用過去的增加率來計算，歐元區的總債務會以每小時六千萬歐元的速度增加。

皮凱提認為，要解決歐洲的國家債務危機，只要透過財富稅就能解決。這種看法缺乏遠見，我認為解決債務積壓的負擔也很重要。誠如懷特所說：「要解決債務積壓的問題，必須重整或放棄拖欠的信用貸款。」[63] 此外，也必須釐清誰應該負擔多少代價，該用什麼方法等等。只要有無法償還債務的情形，不管形式為何，都會導致財富損失。

如果政府不償還債務，債權人（國債債券持有人）就必須承擔國債償還期限單方面展延或是利率減少的後果。國際貨幣基金會的一份新報告指出，「債轉股」的執行過程有多

---

62 Für mehr Details siehe: Daniel Stelter et al., Die Billionen-Schuldenbombe, 2013.

63 William White, Ich sehe Preisblasen wie 2007, Interview in der Finanz und Wirtschaft, 11. April 2014 und unter: http://tablet.fuw.ch/article/ich-sehe-spekulationsblasen-wie-2007/

麼草率[64]，而且，大部分負擔都落在保險業和銀行及其債權人身上。

這也是為什麼有必要討論各種財富的債務負擔，而不是債權人單方面的問題，不管他們是否有意（銀行或保險公司客戶）借貸給惡質的債務人。

財富稅不是新鮮事

皮凱提提出解除國家債務積壓的基本可能性，他注重的是官方發布的國家債務資料；但是，對於金額更龐大的開放未付債務卻隻字未提。同樣的選項也存在於債務積壓的問題上，歐洲如何解除三至五兆歐元的債務呢[65]？

對少數債務人而言，多半是私人家計單位和企業，撙節是個辦法。也有少數國家成功運用撙節的例子，例如瑞典在 1990 年代就仰賴此法解除銀行危機，令人印象深刻，但是這種方法不可能運用在整個歐洲。對國家來說，減少總債務的

64　IMF: The Fund's Lending Framework and Sovereign Debt—PreliminaryConsideratins, 22. Mai 2014 und unter: http://ftalphaville.ft.com/files/2014/06/SDR0614.pdf

65　Für eine ausführliche Diskussion der Optionen mit dem Schuldenüberhang umzugehen siehe Daniel Stelter et al., Die Billionen-Schuldenbombe, 2013.

唯一方法就是創造貿易順差，前提是要有強大的競爭力。瑞典當時讓克朗貶值，藉此整頓經濟。一個國家的貨幣如果不能貶值，比方說，被困在匯率固定的歐元系統裡，只剩下薪資下降、預算縮減這條「內部貶值」的路可走，結果會怎樣呢？經濟萎縮停滯不前，債務所得比繼續上升，這正是歐洲危機國家經濟的真實寫照。

解決債務問題，提高經濟成長率是最吸引人的方法。影響經濟成長率的要素有三：就業人口、平均每人的生產力、通貨膨脹率。在西方國家中，就業人口不是停滯不前，就是逐漸減少，接下來幾年將面對人口數量改變的衝擊。相較於過去，由於缺乏革新，以及國際競爭壓力漸增，每人的生產力成長得較慢，2013 年平均每人的生產力甚至下降。通貨膨脹率低，有通貨緊縮的風險；而通貨緊縮是意料中的，因為負債過度會使得需求減少，通貨緊縮的壓力會上升。研究報告指出，債務高的狀況下，經濟成長率總是較低[66]。

從歷史上看來，負債過度的問題經常用通貨膨脹來解

66　Manmohan S. Kumar, Jaejoon Woo, „Debt and growth ", IMF Working Paper 10/174 und unter: https://www.imf.org/external/pubs/cat/longres.cfm?sk=24080.0

決。如果要用同樣的方法來解決目前的債務量，我們可能每年要有 10% 的通貨膨脹率，而且必須配合低利率實行好幾年。雖然央行壓低名目利率，但是危機國家的利率水準還是跟以前一樣，高於名目經濟成長率。在這種情況下，要解除債務問題是不可能的，因為通貨緊縮的壓力太大，央行無法把通貨膨脹率拉高到預期水準。銀行系統寧願把手上的資金拿來進行金融投機，或是寧願拿給國家使用，也不願意借貸給私人部門。再者，很多國家的私人部門債務都已經高到沒有舉債空間和負債準備了，在這種情況下，只有對貨幣系統喪失信心時，才會產生通貨膨脹。如果真的走到這一步，通貨膨脹率將不只 10%，而是更高。

最後一個選項就是債務重整，方法有很多種：一是債務人單方面宣告破產，終止付款。二是債務人和債權人協調重整債務，大都是豁免部分債務、債務延期、免除利息。債務重整愈有規劃，愈能避免不必要的傷害，例如因為恐慌而對金融市場造成傷害。而且，對債權人而言，可獲得的「破產債權份額」也較高。此外，循序重整債務，會有更多協調空

間,例如改革措施。

　　皮凱提也認為,有規劃的債務重整有其優點,因此建議了一次性財富稅來解決國家債務危機。這項建議不是新的,早在古代就有分割債務、損失債權人權益來處理負債過度的例子。如第二章所提,美索不達米亞定時分割債務,豁免債務後,重新分配土地。

　　早在 2011 年我就指出,西方國家政策除了追隨美索不達米亞的先例,沒有別的路好走了[67]。當時這個論述得不到什麼共鳴,2014 年卻成了討論焦點。大部分觀察者,包括皮凱提,都低估了這裡牽涉的債務金額。我們談的不是幾千億的國家債務,而是政府與私人部門至少三至五兆歐元的債務。如果用這個數據為基礎,就不難發現,皮凱提建議的一百萬歐元以上要抽 10% 至 20% 的財富稅根本緩不濟急,會用得一毛不剩。圖七可以看出稅收與債務的關係。

　　圖中顯示出,各國對所有財富(沒有免稅額)徵收一次

67　Daniel Stelter, David Rhodes, „Back to Mesopotamia, The looming threat of Debt Restructuring ", The Boston Consulting Group, September 2011, verfügbar unter: http://think-beyondtheobvious. com/referenzen/back-to-mesopotamia-the-looming-of-debt-restructuring/

債務積歷與 10% 財富稅稅收（10 億歐元）

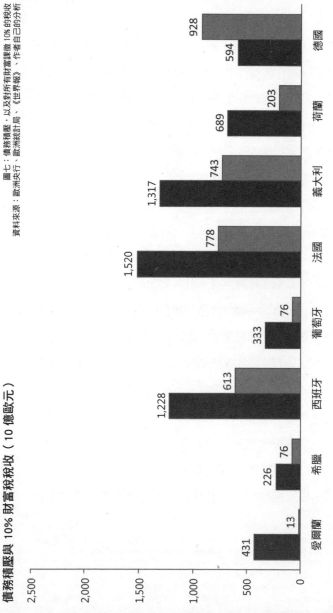

圖七：債務積歷，以及對所有財富當課徵 10% 的稅收
資料來源：歐洲央行、歐洲統計局、《世界報》、作者自己的分析

性、稅率 10% 的財富稅可帶來的稅收金額，以及各國的債務
積壓（以 180% 的國內生產毛額計算）。這樣看來，一次性
財富稅只能解決德國的債務問題，因為德國的債務幾乎都是
政府債務，其他國家必須提高稅率才能救急。此外，如果要
保護小額財富持有人，實施免稅額的措施，稅率調整的幅度
可能就必須更高。

要求歐洲團結

　　皮凱提忽略了歐洲債務及財富分配不均的問題。在歐洲
層面，他一直強調歐洲的財富掌握在歐洲手中；說穿了，他
的建議是在重新分配國家之間的財富，但是這一點卻避而不
提。如果法國和其他危機國家如義大利、西班牙可從其他歐
洲國家（如德國）的團結中獲利，也就不難理解為何法國人
會支持重新分配財富了。皮凱提並不是唯一（故意？）模糊
焦點的人，國際貨幣基金會首席經濟學家布蘭切特（Oliver
Blanchard，順道一提，他也是法國人）接受德國《商報》訪
問時[68]，也提到歐洲人必須團結，卻完全不提團結必須花費

68　Daniel Stelter, „Die Nebelbomben des Olivier Blanchard ", Handelsblatt, 14.03.2014 und unter: http://think-beyondtheobvious.com/stelter-in-den-medien/die-nebelbomben-des-oliver-blanchard/

德國多少錢。國際貨幣基金會的官方報告曾提出，一次性財富稅可解決歐洲國家債務危機，但是這份報告似乎也刻意迴避重新分配的觀點 [69]。

　　政策討論如何定位債務重整以及財富持有人的參與，在債務危機專家的文章裡說明得很清楚。萊茵哈特及羅格夫於2013 年 12 月指出，撤銷債務是解決歐洲債務危機的必行之路，債權人與債務人必須「團結」——不過，他們當然沒有提到這會花掉債權人多少錢 [70]。

　　德國央行也認為，一次性財富稅是拯救國家負債危機的救星，但同時也強調，要求歐洲團結之前，危機國家的財富持有人必須先貢獻一份心力 [71]。德國央行會這麼要求，肯定跟德國每人平均財富並非在歐洲名列前茅有關。在皮凱提的資料裡，德國的財富／所得比也不高，原因可能是戰爭和兩德分裂使得不動產擁有率大幅降低（而且價值被低估）；而大量貿易順差所累積的外匯存底並沒有被適度投資，也是其中一個原因。畢竟，光是因為金融危機，德國就已經在國外

69　„Taxing Times ", IMF Fiscal Monitor, Oktober 2013 und unter: http://www.imf.org/external/pubs/ft/fm/2013/02/fmindex.htm

70　Carmen Reinhart, Kenneth Rogoff, „Financial and Sovereign Debt Crisis: Some Lessons Learned and Those Forgotten ", IMF Working Paper, Dezember 2013 und unter: http://www.imf.org/external/pubs/ft/wp/2013/wp13266.pdf

71　Monatsbericht Januar 2014, Deutsche Bundesbank, auch unter: http://www.bundesbank.de/Redaktion/DE/Downloads/Veroeffentlichungen/Monatsberichte/2014/2014_01_monatsbericht.pdf?__blob=publicationFile

損失了四億歐元[72]，歐洲債務危機帶來的損失還沒結束呢！

目前關於銀行聯盟、財政聯盟及「歐洲同心」的討論，說穿了只是商討如何分配這個還不清的債務。誰要承擔損失呢？承擔多少損失？危機國家最希望根據目前的經濟產值——國內生產毛額——來分配，如此一來，重新分配債務的相關金額非常驚人。圖八顯示了依據國內生產毛額比例來重新分配債務積壓的結果。

解決歐洲債務危機，德國到底必須付出什麼代價，端視政策運用哪些技巧解決債務危機，再過幾年就會真相大白。

皮凱提曾提過，一次性財富稅可以分期實施。德國政府專家委員會建議成立債務清償基金，以解決十多年來的債務積壓問題；針對這一點，皮凱提只是輕描淡寫地帶過，還批評這個方案「缺乏民主合法性」。不過，歐洲議會曾經表決過此案，這個指責並不正確。總之，這種方法非常適合與一次性財富稅並行。

---

72 „Wege zu einem höheren Wachstumspfad ", Deutsches Institut der Wirtschaft unter: http://www.diw. de/documents/publikationen/73/diw_01.c.423522.de/13-26-2.pdf

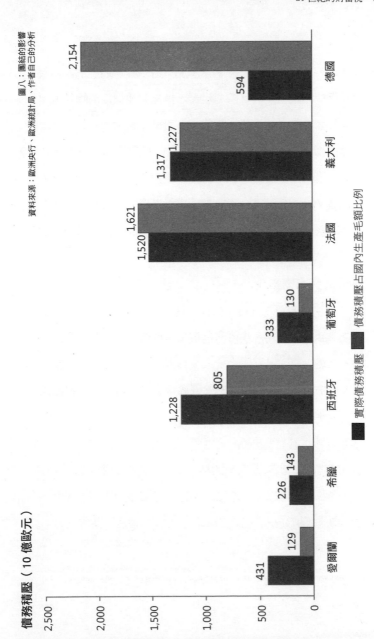

圖八：團結的影響

資料來源：歐洲央行、歐洲統計局、作者自己的分析

2012 年夏天，我曾經藉著其他機會，建議將整個歐洲債務積壓問題與債務清償基金組合，搭配某種程度的團結方案（只針對希臘、愛爾蘭、葡萄牙、西班牙這幾個不可能償還債務的國家），用 20 年的時間來清除債務問題。這種解決方案一年會花費德國約 1.5% 的國內生產毛額[73]，雖然代價也很沉痛，但是相較於債務違約或皮凱提建議的債務完全社會化、債務由全民來買單等方法，我的方法接受度較高。

政策替代方案很少

截至目前為止，政策上仍避免採取債務撤銷或重整的措施。雖然希臘已經有部分私人債權人共同參與，減少債務負擔，但是大部分債權人卻把希臘國債賣了，所以其他歐洲國家及歐洲央行就成了破產國家的債權人。

賽普勒斯曾試著讓銀行所有者及債權人參與整頓弊端銀行，從各種角度來看，這種行動都不是明智之舉。一方面，這只跟直接把錢投資在這些銀行、且在那裡有戶頭的投資者

73 Daniel Stelter et al., „Fixing the Eurozone ", The Boston Consulting Group, März 2012 auch unter: http://think-beyondtheobvious.com/referenzen/fixing-the-euro-zone/ und in Stelter et al., Die Billionen Schuldenbombe, 2013.

有關；再者，這只針對特定的財富形式抽稅，其他資產形式都置身事外。更離譜的是，賽普勒斯的銀行結束營業後，某些有錢客戶仍然可以在這些銀行的倫敦分行提款，公平問題連帶浮上檯面。依照目前歐洲的情勢看來，一個銀行戶頭最好不要存放超過十萬歐元的存款。

一次性財富稅雖然不是很受歡迎，但顯然是比較公平的解決方法。

政策替代方案其實不多。危機已進入第六個年頭，債務金額愈滾愈大，歐洲經濟停滯不前；拜歐洲央行介入之賜，債務支撐的系統才得以免於崩解。在負債過度的情況下，通貨膨脹方案並不適合。

我們只剩下更多實驗性質的經濟政策方案，無人可預知結果。歐洲央行也許可以買下所有壞債，花個十幾年折舊，或者乾脆一筆勾消。英國目前正在熱烈討論這個方案[74]。

74　Siehe unter anderem: Dear Minouche, wipe out the UK's QE debt, Financial Times, 21. März 2014 und unter: http://www.ft.com/intl/cms/s/0/36c69fa8-b0cf-11e3-bbd4-00144feab7de.html?siteedition= intl#axzz36X020X59

　　如果真在歐元區實施這種方法，其實跟走後門的債務清償基金沒什麼兩樣。這種方法不但真的沒什麼民主合法性，而且，是依據各國在歐洲央行的資本份額比例來重新分配費用。如此一來，德國可能要承擔最大的責任（28%），而且得不到任何報償。

　　也有人建議採用新貨幣政策來解決問題，例如改為完全準備制度。早在 1930 年代因應世界經濟危機時，就有人提出這種想法了。為了尋求一種降低過度負債的完美途徑，當時的經濟學家賽門斯（Henry Simons）及費雪（Irving Fisher）在 1936 年提出新想法：終止商業銀行發行信用貨幣的可能性，銀行只能根據實際存款金額來放貸，央行會準備這些存款的百分之百貨幣現金為後盾，而這也是「完全準備制度」的名稱由來。兩位教授相信，這種方法可穩定國民經濟的「信用擴張率」，阻止繁榮與危機的景氣循環。支持這種想法的民眾愈來愈多，瑞士甚至將這個議題納入公投議題 [75]。

　　評論家懷疑貨幣發行是否可能壟斷，因為人們不一定要

75　Strip private banks of their power to create money, FT, 24. April 2014 und unter: http://www.ft.com/intl/cms/s/0/7f000b18-ca44-11e3-bb92-00144feabdc0.html?siteedition=intl#axzz36X020X59

透過銀行才有信貸關係而擴張貨幣數量[76]。再者，央行目前的貨幣政策也的確遭人議論紛紛，誰能保證央行在完全準備制度之下抵擋政治期望，拒絕放寬限制呢？

就債務問題角度來看，這個建議的迷人之處在於：從目前的貨幣系統轉為完全由央行主導的貨幣系統，可以甩掉這個煩人的債務積壓問題。整個過程大概是這樣：銀行必須向央行請求金援放貸的金額，因為放貸銀行沒有這些資金，所以政府必須準備這些款項，由政府無中生有發行貨幣，然後銀行系統資產負債表上就多了這筆央行貨幣。接下來，銀行欠央行的準備金債務就會從銀行手中持有的國債中抵銷，央行還會以剩餘資金來沖銷部分私人債務。最後，銀行能增加放貸的金額，則以自有資本及央行增加的貨幣而定[77]。

國際貨幣基金會最新的研究報告指出，完全貨幣系統可如期運作、減低債務[78]，這種措施對於貨幣價值影響為何（尤其在央行資產負債表快速成長的情況下）仍是未知數。

76　本書不深入貨幣、信用和財產議題，建議閱讀：Gunnar Heinsohn, Otto Steiger, Eigentumsökonomik, Marburg 2008 und eine Zusammenfassung unter: http://think-beyondtheobvious.com/schulden-sind-gut/

77　Siehe dazu: http://think-beyondtheobvious.com/mit-vollgeld-ausder-krise-das-neue-geldsystem-als-loesung/

為了解決債務危機，各種極端手段的討論不斷出現。由此可知，政策規劃開始認真考慮一次性財富稅的可行性，配合度也愈來愈高。雖然我對皮凱提的基本假設仍有疑慮，但他確實提供了論述基礎。

清償債務後，以低稅率取代高稅率

皮凱提處理債務危機的建言，很有潛力成為政策事實；然而，對於他建議的高所得稅率，我抱持著保留態度。一方面，我認為勞務所得的待遇，應該比資本所得更好；另一方面，我認為歐洲經歷痛苦的債務重整後，應該增強經濟成長力。因此，所得稅應「降低」，而不是拉高。

有趣的是，皮凱提的論述和美國「左派」份子的方向相同。皮凱提讚譽有加的 80% 高稅率，在 1960 及 70 年代的美國，只針對少數無法逃稅的人課徵。這些人大都是演員、藝術家、頂尖職業運動員，以及少數其他行業的超高薪族群；相較之下，大多數其他行業的高薪族群都得以成功避稅[79]。

79　James K. Galbraith, »Kapital for the Twenty-First-Century? ",Dissent, Spring 2014 und unter: http://www.dissentmagazine.org/article/kapital-for-the-twenty-first-century

在現在的全球化世界裡，逃稅避稅的可能性比以前更大。

政策要務

　　如果經濟不成長，恐怕無法跳脫目前的困境；經濟成長率愈低，就有愈多債務人無法履行義務。從國家層次來看，義大利的例子已經證明了，只要經濟成長率不夠高，不管再怎麼努力，債務仍然會繼續上升。光是社會老化所帶來的負擔，就必須仰賴提高經濟成長的潛力來舒緩。

　　對皮凱提而言，經濟成長率是受體系外部因素決定的，這影響到他的計算結果。他認為成長主要受兩個因素影響：一是人口數目，一是人均產出。由於人口負成長，要維持或提高經濟成長力就格外費力。

　　目前的危機政治方向完全錯誤，沒有政策顧及基礎的挑戰。事實完全相反：工業國家投資疲軟無力，生產力就持續下降，2013 年世界經濟產值竟然還下降[80]。

80　Siehe dazu auch: http://think-beyondtheobvious.com/fatal-fuer-schuldner-produktivitaet-der-weltwirtschaft-sinkt/

今日的經濟政策有何替代方案？什麼樣的政策才能使工業國家和世界經濟回到永續成長之路？這些方案肯定得先經過痛苦期，而且要過一段時間才有成效[81]。

一、終止以債帶動成長

首先，我們必須認清大部分債務已經無法償還的事實。較好的方法是，切割其中一部分，重新開始，這比繼續假裝什麼事也沒有、再讓問題繼續擴大好多了。理想的做法是循序重整債務，分攤費用。如果能更深入一點，針對非建立在負債基礎上的財富課徵財富稅，那麼財富稅也是個好方法。總之，這會比睜一隻眼閉一隻眼繼續經濟政策實驗好得多；繼續這樣惡搞，可能會毀掉更多財富。

短時間內，政策恐怕無法輕易嘗試這種解決方法，實際上要實現的機率很低。但是，如果不這樣做，後續損失和傷害會更大，可能還是不得不面對問題。

81　Siehe auch, Stelter et.al, Die Billionen Schuldenbombe, Weinheim 2013.

二、緩解人口問題

早在 2011 年，國際貨幣基金會的研究就指出，政策對於未來退休金、年金及健保福利的承諾「不可能」兌現。如果政府跟企業一樣，從資產負債表的角度來看，這樣的趨勢就可以看得一清二楚。公有部門實際的債務，約是國內生產毛額的 400% 至 800%，國際貨幣基金會也計算了政策如何面對這個問題。就算成本不變，依照目前的國內生產毛額份額來計算，很多國家的債務，如美國、英國和法國，仍然會繼續上升。在這個問題上，德國比其他國家略占優勢，但這是在德國政府提出優惠退休大禮之前計算的結果。更何況，如果用目前的標準去計算，表示未來每人可領的退休金應該更少[82]。增加工作時數和婦女就業比例，降低退休金標準，是未來不可避免的趨勢。此外，更要接受高學歷外來移民。

可惜這個方案實現的機率愈來愈小，只要大部分選民是津貼給付的受領人，政策就會想辦法照顧這些選民的利益。目前德國政府的政策只是先給人嚐點甜頭，最後終將導致老

82　BIS Working Paper 300: The Future of Publice Debt, März 2010, und unter: http://www.bis.org/publ/work300.pdf

人與年輕人的鬥爭，以及有錢老人和沒錢老人之間的鬥爭。
這樣的遠景實在令人不敢想像。

三、更多投資

沒有投資硬體、機器、設備、研究和教育，人口老化縮
水的國家就不可能維持生活水準，更別說是清償債務，以及
遵守對未來的承諾。

貨幣從來沒有像今天如此廉價過。美國、德國、法國和
英國幾乎不用花任何錢來維持國政，這是拜央行解救方案之
賜；就連企業也從低利借款及高利潤潮獲得優勢，企業利潤
占國內生產毛額的比例達到最高點。理論上應該會出現投資
熱潮，但是投資熱並沒有如預期發生；事實完全相反，私人
和公家的投資竟然縮水。

政府的態度保留，可能有幾個原因：

・即使借貸利息很低，很多國家的債務仍然高到沒有舉債空間。雖然有很多專家，如諾貝爾獎得主克魯曼和哈佛教授桑默斯等，催促國家應該利用便宜貨幣大舉負債投資，但是這麼做可能會帶來致命傷害，無法清償的壞債金額會越來越高。其他如《金融時報》專欄作家募紹（Wolfgang Münchau）則要求歐洲央行資助促進經濟景氣的方案，暗自希望走後門清除債務 [83]；不是透過歐洲央行資產負債表沖銷無民主合法性的債務清償基金，就是實施通貨膨脹。若是真要用通貨膨脹來解決，那麼，每年的通貨膨脹率可就不會只停留在 4% 了。

・在這種情況下，政策應當由消費轉向投資。說白話一點：少花點錢在社會福利，多花點錢在硬體、教育與研究。可惜這種方案不受歡迎，還會流失選票。直接刪去投資費用既簡單又舒服，因為人民可能不會發現，就算會發現也不會發現得太早。道路故障馬上會遭民怨，但是教師不足的問題卻只有一小部分民眾會察覺，刪減研究經費的影響可能要十幾年才能察覺。歐洲危機國家大多縮減投資支出，

83　Wolfgang Münchau, An investment surge would jolt Europe back to life, Financial Times, 29. Juni 2014 und unter: http://www.ft.com/intl/cms/s/0/e02c9154-fdf2-11e3-bd0e-00144feab7de.html?siteed ition=intl#axzz36X020X59

　　例如在德國，只要比較退休方案支出以及硬體設備現代化的支出，答案就清清楚楚了。

・人民對投資的態度也愈來愈反感，想想德國最近反對興建新火車站和新機場的示威遊行就知道了。老化和少子化的社會寧願把錢用於消費，也不願拿來投資。

・大建案投機醜聞如柏林機場，讓政策更不願意碰投資。

　　公家單位沒有投資意願，也沒有投資能力，完全是債務經濟的後果。如果大部分預算都被用來支付社會福利和債務利息，運用在他處的彈性空間當然更少。

　　國家應該更有效率，同時設定多重目標：降低納稅人的支出，提供更好的服務，減少公共部門對人力資本的束縛，好讓有能力的工作者在私人部門發揮。

　　剩下的問題，就是私人部門為何不投資？便宜的貨幣和

高利潤難道不誘人？原因可從許多角度來分析[84]：

· 由於金融危機，許多國家的國內生產毛額比危機前的經濟成長率趨勢還低，生產力沒有被充分利用。

· 經濟和政治的不安全感有增無減：歐元危機、阿拉伯世界的政變、美國預算刪減、德國能源轉型等因素，讓人感到不安，投資跟著下降。

· 相較於經由效能改善及降低成本等優化既有方案，投資新事物總是風險較高。

· 利用現有設備還能獲利，若是擴充設備，獲利可能下降。買回自己的股票或併購競爭對手企業，利潤可能較好。這麼做有利股市，卻對國民經濟生產力成長沒什麼幫助。

· 對經理人而言，短期的獲利比長遠的價值提升更吸引人。這樣一來，經濟行為和政治沒什麼兩樣：經濟重視股票持

84　Warum investieren wir nicht? Beyond the Obvious, 24. Januar 2014 unter: http://think-beyondtheobvious.com/warum-investieren-wir-nicht-2/

有人，政治重視選民，兩者都是短視近利的行為。有趣的
是，非股票上市公司的所有人較有投資遠見，投資率反而
比股票上市公司還高。

・某些行業的競爭可能太小。某些企業在壟斷市場中舒舒服
服地賺盡利潤，不必努力爭取市場占有率。

　　要鼓勵企業投資，只有一個方法：給予投資更多稅率優
惠，或是提供各式各樣的折舊優惠，替代發放股利和回購股
票。按照目前這種情況下去，國家遲早要對企業部門提高稅
率；這樣一來，企業寧願把錢花在自己的業務上。

　　改善教育系統是另一個非常重要的議題。在全球化競爭
愈來愈激烈的情況下，唯有好好教育為數不多的孩子，加強
全民教育，才能生存。沒有政客敢不強調教育的重要性，可
惜他們都只是嘴上說說罷了。國際學生評量計畫（PISA）的
成績進步了幾分，就讓大家忽略了教育部門的問題，不相信
的人到學校走一趟就知道了。

　　這些既不是新議題，也不是新要求，但是實現的可能性仍然很低。短期內看不見正確經濟政策的成果，而且通常不受歡迎。短視的經濟政策只是把問題繼續延宕下去，相較之下輕鬆很多。

四、整頓金融系統

　　歐洲銀行部門資本不足，仍然是經濟發展的負擔，也是一種系統性風險。歐洲央行的壓力測試，原本是要強迫銀行公開資本需求，並且整頓資產負債表，但是銀行到底會不會這麼做還是很令人質疑。研究預估，歐洲銀行的資本需求大約有八千億歐元，誰來補這個破洞呢？目前，銀行和政府就像兩個醉漢，東倒西歪互相扶持，歐洲央行卻還不停地灌銀行啤酒，情況比六年前還糟糕。

　　如果不清償壞債，對銀行執行嚴格管束，要求較高的資本適足率，那就無法逆轉局勢。可惜實現這些方案的可能性微乎其微，政府仍然不敢對老百姓說實話；在尚未弄清楚誰

以什麼方式負擔多少成本之前，沒有人敢碰這個議題，貨幣系統重整的機率更低。《金融時報》評論家馬汀・沃夫言簡意賅地指出，只有再經歷一次危機，才有機會徹底改革貨幣系統[85]。

五、貨幣政策正常化

現今貨幣政策並未成功地復甦實際經濟，還造成傷害性極大且具高風險的副作用。愈來愈多觀察者如國際清算銀行呼籲結束這種貨幣政策，這種觀點實在讓人深表贊同。國際清算銀行參考過去的類似經驗，預期只要貨幣政策一改變，金融市場就會產生斷層；貨幣政策不早日正常化，這個斷層就愈大[86]。

這個要求實施的可能性很小。如果央行認真想要結束目前的貨幣政策，過去那種利用便宜貨幣潮把船向前推進的事實就會東窗事發，由負債支撐的系統就一定會倒。正是這個原因，所以貨幣政策不敢輕言轉彎。也許有一、兩個央行放

85　Strip private banks of their power to create money, FT, 24. April 2014 und unter: http://www.ft.com/intl/cms/s/0/7f000b18-ca44-11e3-bb92-00144feabdc0.html?siteedition=intl#axzz36X020X59

86　84. Jahresbericht der Bank für Internationalen Zahlungsausgleich, abrufbar unter: http://www.bis.org/publ/arpdf/ar2014e.htm

慢印鈔速度，卻沒有央行討論遏止資產負債表的擴張。央行若不改革，政治和人民只好面對這個殘酷的事實。

另一個場景發生的可能性也許大一點：央行對經濟的干預只會有增無減，經濟仰賴流動資金來支撐。愈來愈令人絕望的債務會落在央行的帳簿上，央行在聲名狼藉之前，可提供這些沒有價值的有價證券終極落腳之處。這些錢可以免息，又不用償還，還可以順便拿來補救國家赤字。有些人覺得這種方法一點都不痛，簡直完美無缺。

其他人，我也是其中一個，則懷疑問題沒有那麼容易解決。如果我們喪失對貨幣和金融系統的信心，那是非常危險的。一旦對貨幣喪失信心，人們馬上就會摒棄金錢價值，只信任實物價值，這對貨幣價值具有毀滅性的殺傷力。今天我們願意接受 50 歐元的紙鈔，是因為相信它明天仍有價值。正如瑞士通貨膨脹研究學者伯恩霍茲（Peter Bernholz）所形容，一旦沒有信心，紙鈔可能在一夕之間成為廢紙[87]。

87　Peter Bernholz, Monetary Regimes and Inflation, März 2006 ist eine sehr interessante Analyse vergangener Inflationsperioden.

5/ 皮凱提的資本論還剩下什麼？

　　皮凱提出書的時間點抓得恰到好處，我們不得不佩服：正確的時間點抓到正確的主題。不過，書中的承諾以及媒體預期的影響並沒有發生。從書籍內容上，不難看出這是一本政治性極高的著作。閱讀的時候可以很容易發現，皮凱提早在寫書前就有很明確的政治動機，他的政治意圖並不是論述的結果。

資料處理的問題

　　皮凱提的研究資料基礎令人印象深刻，姑且不論其中的錯誤和大膽假設，仍然有其學術價值。

　　這位法國經濟學家處理資料的確有些問題，也不合乎學術中立原則，資料呈現方式完全配合他的論述。舉例來說，皮凱提所有的分析，都是以稅前及移轉性支付前的財富金額為準；如果用稅後和移轉性支付後的金額來分析實際分配狀況，其實分歧狀況沒那麼嚴重。

他提出長期資本報酬率為 4% 至 5%，終究只是個假設。我們不能責怪他無法證明這一點，有誰能證明超過兩千年的資本報酬率呢？皮凱提應該針對各種情境進行模擬，就會發現他的模型非常敏感，假設中的任何微小變動都會影響模型的結果。

缺乏基本法則

皮凱提分配不均的根基，也就是萬能公式 r > g（資本報酬率＞經濟成長率）的基礎，其實也非常薄弱。其實，就算經濟成長率很低，也只有稅前資本利得持續維持在 4% 至 5% 的水準且稅率降低時，皮凱提預測的財富分配不均未來場景才會出現。皮凱提把焦點放在課稅解決方案上，如前所述，其實不管是經濟成長的理論或資本市場的實務，都明確指出資本報酬率不可能持續高於國民所得成長率。由於西方世界的人口數量逐漸減少，我們必須有心理準備，不管是經濟成長率還是資本報酬率都會逐漸下降。

財富與所得集中所帶來的問題

相較之下，皮凱提對財富與所得集中的論述就容易理解多了。富人後代繼承了大筆遺產，也掌握了種種可能性，可獲得較高利潤，這些因素都會造成財富漸趨集中。在全球化經濟下，大多數人口的所得凍漲甚至下降，另一方面卻產生超高薪族群，這的確是引爆衝突的題材，政策上必須採取因應措施，逆轉集中趨勢。雖然全球多數國家已採取動作，但是仍有改善空間；由此可見，相較於勞務所得課稅，偏向資本所得給予租稅優惠更沒有正當性。

忽略的債務面向

皮凱提以淨額分析來處理財富問題，忽略了債務及寬鬆貨幣政策的影響。沒有十幾年前的負債熱潮，就沒有皮凱提所見的財富增加幅度。如果不是國家及私人部門大幅舉債，國民所得成長幅度不會這麼大，財富需求不會增加，財富價格也不會跟著上漲。拜央行之賜，信用貸款利息愈來愈低，

債務就像滾雪球般愈來愈大，國民所得及財富價格也水漲船高。金融業如雨後春筍般蓬勃發展，占了經濟活動很大的比例，還造就了一堆超高所得族，尤其是套利基金經理人、投資經理人和私募基金開跑者。

自 2008 年開始對抗的危機，其實是負債熱潮的惡果。債務與財富必須同時觀察處理，並不是結算在一起就罷了。

債務危機的解決方案

皮凱提針對歐洲債務危機所提出的解決方案，原則上方向正確，儘管他忽視了社會福利國家的負面因素，只是一味大力鼓吹政府提升資金運用效率。皮凱提提出的減少國家債務想法切中要點，我們可以理解他為何全力擁護由稅務著手的解決方案，並且排除其他方式。事關解決危機時，他對債務和財富之間的關聯性見解並沒有錯。

然而，皮凱提忽略了債務問題的嚴重性：一方面，政府

的債務其實高於官方公布的數據；另一方面，歐洲政府及私人部門也都有債務過高的問題。即使 2008 年國際金融危機已經邁入第六個年頭，債務所得比仍然不斷地上升。

思考債務問題時，皮凱提一直把眼界停留在歐盟地區。說穿了，他的建議其實是大舉重新分配歐洲國家的債務債權關係，但是他卻避而不提這一點。

接下來幾年，運用財富稅解決債務危機的壓力會愈來愈大。政府總有一天會認清，只用更多便宜貨幣或通貨膨脹就想要無痛解決問題，這種願望是不會實現的。從日本的例子看來，要政府體認這個事實還要花一點時間，這段期間的債務仍會繼續增加。

新的貨幣系統有其必要性

「繼續下去」的危險性極高：以財富稅解決債務問題，卻沒有處理根本問題。其實債務只是過去幾年錯誤決策的結

果：以消費取代投資，以借貸取代所得，以逃避世界性的競爭取代面對問題。

公平從創造均等的機會開始，也就是全民教育；此外，溫和的重分配政策也對財富分配平均有所幫助，更重要的是對重要經濟原則的省思。負債就是放棄未來的消費，良好的經濟政策應該放棄短期的刺激，把眼光放在長遠政策，如教育、創新、官僚組織與管制的簡化（不適用金融業），以及投資國民經濟的生產資本。

我們的貨幣系統也有很大的問題。毫無限制地擴張信用不只是使債務和（形式上的）財富增加，正如同我們過去幾年的痛苦經歷，也會帶來金融危機。「完全準備制度」的討論起死回生，還成了瑞士公投議題，這是個令人振奮的好預兆。連《金融時報》的評論家都贊成區分貨幣的支付與保值功能（百分之百央行貨幣），以及投資獲利卻有附帶風險的財富價值。人們恐怕必須至少再經歷一次危機，才會認清基本問題。

內容、評論與缺失

雖然皮凱提別有他意，但是他只形容了症狀，並沒有指出原因。對皮凱提而言，問題出在所得與財富分配不均。他認為，原因在於結構上資本報酬率高於經濟成長率、國家介入太少、重新分配不足、政治對經濟干預太少等等。

相對之下，我認為原因出在大部分西方世界過度負債，而且是出在經濟政策上。經濟政策犧牲了投資教育與創新，反而用便宜的貨幣和債務暫時掩蓋了問題。

財富與所得愈來愈集中，是經濟政策錯誤導向的結果；如果把財富分配當成問題，我們就應該徹底改革經濟政策。皮凱提要求國家介入更多的方向完全錯誤，他受困於現有的系統，宣導重新分配財富。皮凱提的政策方針缺乏提高經濟成長潛力、反轉貨幣政策及拋棄債務經濟等面向。

皮凱提「資本論」的內容、評論和缺失為何，圖九做了

內容	評論	缺失
基本規律：r > g	理論實證都站不住腳。	忽略課稅、移轉性支付和貨幣政策對資本報酬率的影響。低經濟成長率和人口演變會使未來的資本報酬率更低。
財富淨額為財富毛額減去債務。	形式上定義正確。	忽略債務的槓桿效應。沒有債務，財富並不會快速增加。
財富／所得比太高是個問題。	財富多表示人類不受戰爭及災害威脅，其實是個好現象。	沒有考慮便宜貨幣及負債對財富的影響。
所得與財富集中是個問題。	皮凱提強調財富分配不均的政治及社會後果，這點極具爭議性。不可否認的是，所得集中對整體經濟需求有負面影響。	皮凱提的論證聚焦在稅前及重新分配的資料，他應該特別注意重新分配的影響。根據經濟合作暨發展組織的報告，所得集中的情形並沒有明顯改變。
財富集中必然會發生，因為財富多就能創造更多資本利得，其中消費比例較少。	這個假設很容易理解，因為財富多，投資的可能性就多，也能從事高風險投資，容易取得專家協助。	未考慮人口演變對遺產的數量及分配的影響。
針對高所得及財富課徵充公性質的課稅為必要措施。	由過去經驗可預期各種避稅反應。	未顧及課稅對所得累積資本產生的負面影響，中等所得的租稅負擔已經嚴重。
只有全球性財富稅可以解決財富分配的問題。	理論上完全正確，但是，連皮凱提自己都說這是烏托邦式的想法。	財富不均的問題缺乏實際解決方案。
社會福利國家是1930年經濟大蕭條後的最佳結果。	無疑地，經由教育和移轉性支付，社會福利國家為各個社會階級帶來史無前例的富裕生活。	未考慮社會福利國家財務負擔沉重，無法支付退休金和健保。
國家債務僅是政府和私人部門之間的分配問題。	從分配演變的角度來看是正確的。	忽視私人部門負債的規模。
優先以一次性歐洲地區財富稅來解決國家債務危機。	事實上是債務問題最優方案，其他方法（通貨膨脹、歐洲央行沖銷債務清償基金）的後果則是未知數。	忽視減少私人部門債務的重要性和歐洲國家之間分配的影響。

圖九：內容、評論與缺失

總整理。處理這種大規模的資料量，皮凱提和他的團隊貢獻不小；但是，他並沒有達到自我要求，也沒有達到媒體掀起的眾望。更甚的是，他並沒有提出具說服力的合理解釋來說明問題，也沒有探究我們身受其害的負債過度問題。

為政治提供論述基礎

皮凱提出書前，就有人建議以一次性財富稅來解決債務問題。皮凱提對「資本」開腸剖肚的分析，為政策上提供實施財富稅的理由：財富太多，財富分配太不均，介入財富分配只是公平問題。政客可以大搖大擺地說：「我們要創造公平的環境，而且可以順便解決債務問題。」這絕對比「我們必須向你們拿錢，不然就要破產」好太多了。同樣的政策，政治定位完全不同。

從政治方面來看，課徵財富稅這種方法魅力無窮，而且可以分散政治無能的注意力。但是，要不是過去數十年經濟政策誤入歧途，也不會造成今天歷史性高債務、巨額財富和

分配不均的問題。

　　義大利經濟學家帕累托（Vilfredo Pareto）在 20 世紀初就曾說過，對執政者而言，理論的正確與否並不是關鍵，重要的是政治人物是否應用這些理論。皮凱提的著作影響力就是在此。儘管有人質疑他的資料和理論，但是他以財富稅解決債務問題的考量，對未來幾年的政治仍有一定的影響。

　　到時候可千萬別說，事前完全沒有任何警訊。

高寶書版集團
gobooks.com.tw

BK 027
二十一世紀債務論
Die Schulden im 21. Jahrhundert

作　　　者	丹尼爾·施德特（Daniel Stelter）
譯　　　者	顏徽玲
責 任 編 輯	郭顯煒
排　　　版	彭立瑋
封 面 設 計	斐類設計
企　　　劃	陳俞佐

發 行 人	朱凱蕾
出　　　版	英屬維京群島商高寶國際有限公司台灣分公司
	Global Group Holdings, Ltd.
地　　　址	台北市內湖區洲子街88號3樓
網　　　址	gobooks.com.tw
電　　　話	(02) 27992788
電　　　郵	readers@gobooks.com.tw（讀者服務部）
	pr@gobooks.com.tw（公關諮詢部）
傳　　　真	出版部 (02) 27990909　行銷部 (02) 27993088
郵 政 劃 撥	19394552
戶　　　名	英屬維京群島商高寶國際有限公司台灣分公司
發　　　行	希代多媒體書版股份有限公司/Printed in Taiwan
初 版 日 期	2016年8月

Die Schulden im 21. Jahrhundert © Frankfurter Societäts-Medien GmbH, Frankfurter Allgemeine Buch, 2014
Chinese Complex translation copyright © 2016 Global Group Holdings, Ltd.,
Published by arrangement through Jia-xi Books Co. Ltd., Taipei
All rights reserved

國家圖書館出版品預行編目(CIP)資料

二十一世紀債務論 / 丹尼爾.施德特(Daniel Stelter)著；顏徽
玲譯.
-- 初版. -- 臺北市：高寶國際出版：希代多媒體發行, 2016.08
　面；　　公分. -- (Break；BK 027)
譯自：Die Schulden im 21. Jahrhundert

ISBN 978-986-361-317-6(精裝)

1.資本主義 2.市場經濟

550.187　　　　　　　　　　　　　　　105011663